Bernadette Németh

111 Orte für Kinder in Wien, die man gesehen haben muss

emons:

Bibliografische Information der Deutschen Nationalbibliothek
Die Deutsche Nationalbibliothek verzeichnet diese Publikation
in der Deutschen Nationalbibliografie; detaillierte bibliografische
Daten sind im Internet über http://dnb.d-nb.de abrufbar.

© Emons Verlag GmbH
Alle Rechte vorbehalten
© der Fotografien: Bernadette Németh, außer: Ort 6: Baomi; Ort 15 unten: cinemagic; Ort 23: LILARUM; Ort 33 oben: Lukas Pichelmann, unten: Max Schachermayer; Ort 36: Wiener Urania Puppentheater; Ort 51: Gabriele Steiner; Ort 93: Hannes Hochmuth; Ort 105: Maximilian Urbach
© Covermotiv: shutterstock.com/PeJo; shutterstock.com/Mistervlad; shutterstock.com/Pond Thananat
Layout: Editorial Design & Artdirection, Conny Laue, Bochum,
nach einem Konzept von Lübbeke | Naumann | Thoben und Nina Schäfer
Kartografie: altancicek.design, www.altancicek.de
Kartenbasisinformationen aus Openstreetmap,
© OpenStreetMap-Mitwirkende, ODbL
Druck und Bindung: CPI – Clausen & Bosse, Leck
Printed in Germany 2019
ISBN 978-3-7408-0558-6
Zweite Auflage 2019

Unser Newsletter informiert Sie
regelmäßig über Neues von emons:
Kostenlos bestellen unter
www.emons-verlag.de

VORWORT

Wien, Wien, nur du allein … Wir haben es uns ja schon gedacht: Zum neunten Mal in Folge wurdest du zur Metropole mit der höchsten Lebensqualität gekürt. Der Frage, ob dies auch für Kinder gilt, durfte ich ein Dreivierteljahr lang mit junger Assistenz und großer Leidenschaft nachgehen. Unser Fazit: Du bist wirklich anders – und hast auch für den Nachwuchs jede Menge an tollen Attraktionen zu bieten. Im ehemaligen Zentrum der Donaumonarchie findet man nämlich viel mehr als Sisi, Lipizzaner und Sachertorte. Wien, das ist, wo man mit dem Fahrrad direkt in Käpt'n Iglos Gemüsefelder fahren kann, wo es einen Kletterbaum auf einem ehemaligen Friedhof gibt und wo sogar die Drachen freundlich wackeln.

Um dem Geheimnis der Lebensqualität auf die Spur zu kommen, habe ich meine Höhenangst besiegt und bin zum schwindelerregendsten Musikinstrument hinaufgestiegen, habe ein Aquarium durchquert, mich in Sternen verlaufen und die Wiener Philharmoniker dirigiert; bin beinahe an die Ostsee geradelt, in letzter Minute einem Wildschwein ausgewichen, habe das heißeste Museum entdeckt, in dem es für Kinder Eis gibt, und bin in ebensolches eingebrochen. Und ich kann sagen: Wien hat auch abseits von Ballsälen und Pferdekutschen unglaublich viel zu bieten – es ist ein riesengroßer Abenteuerspielplatz! Probieren Sie es einfach aus!

111 ORTE

1 — Die Albertina
Ganz viel Kunst für Groß und Klein | 10

2 — Der Alpengarten
Auf Heidis Spuren | 12

3 — Der älteste Würstelstand
Auf ein paar Frankfurter zum LEO | 14

4 — Das Atelier Adselini
Töpfern nach Herzenslust | 16

5 — Der Bambuswald
Einmal Panda sein | 18

6 — Das Baomi
Kinder-Spiel-Café und Vietnam-Bistro | 20

7 — Der Basketballkorb im Siebensternpark
Mut zur Lücke | 22

8 — Das begehbare Aquarium
Unter Fischen | 24

9 — Die besten böhmischen Spezialitäten
Liwanzen am Nordpol | 26

10 — Der Bikepark Wienerberg
Ein Sommer wie damals | 28

11 — Das Blutgassenviertel
Unter Pawlatschen latschen | 30

12 — Der Bodenlehrpfad
Beileibe nicht nur Schmutz | 32

13 — Der Botanische Garten Schönbrunn
Lauter lustige Bäume | 34

14 — Das Bundesbad Alte Donau
Warmduschen mit Retro-Charme | 36

15 — Das cinemagic
Kino für junge Leute | 38

16 — Die Confiserie zum süßen Eck
Ein echtes Wiener Zuckerlgeschäft | 40

17 — Der Dinosaal
In einem Land vor unserer Zeit | 42

18 — Die Donauparkbahn
Die kleine Schwester ohne Schnitzelfett | 44

19 — Der Eckbach
An einem Bächlein schnelle | 46

20 — Der Familienbadestrand
Mit der U-Bahn an den Strand | 48

21 — Das Feuerwehrmuseum
Alarm, es kommt ein Notruf an! | 50

22 — Der flüchtige Riesenradwaggon
Der Heurige Sirbu | 52

23 — Das größte Figurentheater der Stadt
Bei den Puppen im LILARUM | 54

24 — Der günstigste Skilift der Stadt
Auf der Dollwiese beim Gasthaus Lindwurm | 56

25 — Die Hängematten im Rudolf-Bednar-Park
Abkoppeln am Nordbahnhofgelände | 58

26 — Das Hauptpostamt am Fleischmarkt
Immer gut ankommen | 60

27 — Das Heizmuseum
Holt jeden hinter dem Ofen hervor | 62

28 — Der höchste Eislaufplatz
Über den Dächern der Stadt | 64

29 — Die Holzstege im WU-Campus
Lernen für jedes Alter | 66

30 — Die Jausenstation Landtmann
Die Sandkiste mit Cocktailbar | 68

31 — Die Jesuitenwiese im Prater
Grünauslauf mit Rodelhügel | 70

32 — Der Josefsteg
Die Bretter, die Natur bedeuten | 72

33 — Das Jüdische Museum
In jeder Antwort eine neue Frage | 74

34 — Der jüngste See der Stadt
Immer den Kränen nach | 76

35 — Das kaiserliche Ringelspiel
Ein Königreich für ein Pferd | 78

36 — Das Kasperltheater in der Urania
Krawuzikapuzi! | 80

37 — Der Kinderbereich der Therme Wien
Ganz auf der Thermenlinie | 82

38 — Das Kindercafé Nola
Für alle etwas in Simmering | 84

39 — Der Kinderpark im Stadtpark
Spielen wie Johann Strauß | 86

40 — Der kleinste Trampolinspielplatz Wiens
Hüpfen am Spittelberg | 88

41 — Der Kletterbaum im Waldmüllerpark
Das morbide Wien, ganz harmlos | 90

42 — Die Kletterhalle Wien
Die höchste in ganz Österreich | 92

43 — Die köstlichsten Punschkrapfen
Punschgenuss in der Konditorei Hübler | 94

44 — Der krummste Baum der Stadt
Hinter der »Lichten Allee« von Schönbrunn | 96

45 — Das Landgut Wien Cobenzl
Hoch hinaus mit Ziege, Schwein und Hase | 98

46 — Die längste Rolltreppe der Stadt
Bewegt in die Tiefe | 100

47 — Die Lauserpause
Das Kindercafé am Nordpol | 102

48 — Die lustigsten Vogelhäuser
Warten auf Vögel | 104

49 — Der Marchfeldkanalradweg
Mit dem Drahtesel ins Gemüse | 106

50 — Das mini mobil
Der interessanteste Indoorspielplatz | 108

51 — Der Monki-Park
Klettern wie die Affen | 110

52 — Der Motorikpark im Sonnwendviertel
Bewegung am Hauptbahnhof | 112

53 — Das MQ Amore
Echt prachtvoll Minigolf spielen | 114

54 — Die musikalischste Treppe
Alles über Töne im Haus der Musik | 116

55 — Der Nacktmulltunnel
70 Meter hinter Glas | 118

56 — Der Naturgarten
Ganz viel Leben auf dem Zentralfriedhof | 120

57 — Der netteste Innenhof
Herumtollen im Planquadrat | 122

58 — Der niedrigste Aussichtsturm der Stadt
Rundblick auf der Paulinenwarte | 124

59 __ Das Papyrusmuseum
Die alten Ägypter mitten in Wien | 126

60 __ Die Paradiesgründe
Wo man noch Schmetterlinge findet | 128

61 __ Perle4you
Ein Bastelparadies für Groß und Klein | 130

62 __ Die Pizzeria Da Annalisa
Die kinderfreundlichste Pizzeria der Stadt | 132

63 __ Der Pötzleinsdorfer Schlosspark
Märchenpark mit Mammutbaum | 134

64 __ Die prächtigsten Ritter der Stadt
Vom Märchenbuch in die Hofburg | 136

65 __ Die Promenade
Zwischen Millennium City und Marina | 138

66 __ Die Rauch Juicebar
Relaxzone im Herzen von Wien | 140

67 __ Der rechteckige Teich
Froschkönigs gute Kinderstube | 142

68 __ Die Rodelstraße
Den Kindern das Kommando! | 144

69 __ Der romantischste Ententeich
Hier quakt der Fürst | 146

70 __ Der Rustensteg
Der beste Platz zum Zügeschauen | 148

71 __ Der Schildkrötengarten
Wo die Zeit stehen bleibt | 150

72 __ Die schmalste Gasse
Zwei Arme breit in der Czapkagasse | 152

73 __ Die schönste Allee der Stadt
Auf den Spuren von Fürst Schwarzenberg | 154

74 __ Das schrägste Klettergerüst
Wunderland hinter der Großstadtwand | 156

75 __ Das Schwimmbad Hadersdorf-Weidlingau
Kinderfitness beim Wolf in Hawei | 158

76 __ Das schwindelerregendste Musikinstrument
Im Hochseilgarten Gänsehäufl | 160

77 __ Die Segel- und Surfschule Andreas Irzl
Schiff ahoi an der Alten Donau | 162

78 __ Die Sesselreihe im Volksgarten
Sitzen wie der Kaiser | 164

79 __ Der Setagaya-Park
Der Park der Weisen | 166

80 __ Die sitzende Gans von Sievering
Eine sehenswerte Statue | 168

81 __ Der Skatepark im Prater
Was der Beton hergibt | 170

82 __ Das Spiegelkabinett im Schlossquadrat
Lachen in Margareten | 172

83 __ Die Stefaniewarte
Der schönste Blick in die Stadt | 174

84 __ Der steilste Blick auf die Donau
Blick über Wien von der Eisernen Hand | 176

85 __ Die Steinhofgründe
Immer gut Kirschen essen | 178

86 __ Der Sternengarten Georgenberg
Im Freiluftplanetarium | 180

87 __ Das Strandbad Stadlau
Natur pur | 182

88 __ Das SUP-Center
Karibikfeeling in Wien | 184

89 __ Die süßeste Auslage der Stadt
Die Reste des Teddybären-Museums | 186

90 __ Das Theresienbad
Schwimmen wie die alten Römer | 188

91 __ Die tiefste Kreuzung Wiens
Durch die hohle Gasse | 190

92 __ Der Tischtennisplatz im Schweizergarten
Tischtennis an historischem Ort | 192

93 __ Der Toboggan
Die älteste Holzrutsche der Welt | 194

94 __ Die Tortenrallye auf Sisis Spuren
Tiere und Torten im Lainzer Tiergarten | 196

95 __ Das Uhrenmuseum
Kleine Uhren machen tick, tack … | 198

96 __ Das Verkehrsmuseum Remise
Öffis zum Anfassen | 200

97 __ Der versteckteste Stern der Stadt
Verirren in Echtzeit | 202

98 __ Die Villa Aurora
Das verträumteste Restaurant der Stadt | 204

99 — Der Wackeldrache im Wertheimsteinpark
Fast am Abgrund | 206

100 — Der Waldspielplatz
Der Schatz am Silbersee | 208

101 — Der Wallensteinplatz
Die Piazza della Brigitta | 210

102 — Der Wasserspielplatz Favoriten
Mit allen Wassern gewaschen | 212

103 — Die Wasserwelt am Kardinal-Rauscher-Platz
Wo es heute wieder rauscht | 214

104 — Der Westernspielplatz
Im Wilden Westen von Wien | 216

105 — Die Wiener Theaterschnitzlerei
Noch mehr als Theater | 218

106 — Der wienerischste Spielplatz
Die »Gschroppen« im Kurpark Oberlaa | 220

107 — Der Wientalradweg
Im Westen abtauchen | 222

108 — Die wienXtra-spielebox
Hier gewinnt man immer | 224

109 — Die Wildbadeplätze am Mühlwasser
Gratis naturbaden in Wien | 226

110 — Die windigste Wiese der Stadt
Drachen steigen lassen am Bellevue | 228

111 — Der XXXL-Babyspielplatz
Essen und spielen an der Babykrabbelbar | 230

1_DIE ALBERTINA
Ganz viel Kunst für Groß und Klein

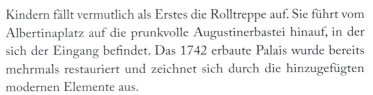

Kindern fällt vermutlich als Erstes die Rolltreppe auf. Sie führt vom Albertinaplatz auf die prunkvolle Augustinerbastei hinauf, in der sich der Eingang befindet. Das 1742 erbaute Palais wurde bereits mehrmals restauriert und zeichnet sich durch die hinzugefügten modernen Elemente aus.

Auch von der Ausrichtung her glänzt das Kunstmuseum Albertina durch seine Vielfalt: Ursprünglich weltberühmte Grafiksammlung, beherbergt es einen Grundstock an Klassikern wie den berühmten Hasen von Dürer und besticht neben wechselnden Sonderausstellungen mit der Schausammlung zur Malerei »Von Monet bis Picasso«, Gegenwartskunst sowie Führungen für Kinder und Erwachsene.

Für Kinder gibt es beim Eingang das Rätselrallye-Heft. Dieses liebevoll gestaltete, in mehreren Sprachen erhältliche Quiz führt durch die Ausstellungsräume, sodass man, auch wenn man keine Kinderführung gebucht hat, trotzdem gut unterhalten durch die Räume flanieren kann! Kinder werden aufgefordert, bestimmte Bilder zu suchen und Aufgaben zu lösen, was sie gleich vor Ort mit dem beigefügten Stift machen können. Haben sie Geschmack an Malerei gefunden, gibt es hier noch etwas Tolles: Jeden zweiten Samstag im Monat können Jugendliche von 14 bis 19 Jahren kostenlos ein tolles offenes Atelier besuchen und dort malen, was die Leinwand hält – fast inmitten der alten Meister.

Beim Ausgang kann man im Museumsshop den Dürer-Hasen nochmals verschiedenfarbig bewundern. Und wer Adleraugen hat, entdeckt ihn sogar auf dem Dach des benachbarten Würstelstandes!

Adresse Albertinaplatz 1, 1010 Wien, www.albertina.at // **ÖPNV** U1, U2, U4; Straßenbahn 1, 2, 71, D, Station Oper/Karlsplatz; Bus 2A, Station Albertinaplatz // **Öffnungszeiten** täglich 10–18 Uhr, Mi und Fr 10–21 Uhr // ab 4 Jahre

2_DER ALPENGARTEN
Auf Heidis Spuren

Was wäre Österreich ohne Berge? Im Wiener Alpengarten kann man sie im Kleinformat genießen. Kaum lässt man den Lärm der Stadt hinter sich, ist man in einem Mini-Hochgebirge, in dem es in unzähligen Farben blüht. Das ferne Rauschen des Verkehrs tritt in den Hintergrund, und man nimmt die zahlreichen Insekten wahr, das Murmeln des Bächleins, den Duft der Zypresse, unter der eine Bank zum Verweilen einlädt. Kinder lieben die unzähligen Treppchen, Brücken und Geländer, die auf die Aussichtsberge führen. Naturliebhaber können die vielfältige Vegetation in Pastelltönen bewundern.

Ein Fan von dieser war auch Erzherzog Johann, der vor 200 Jahren Alpenpflanzen sammelte und in Wien heimisch machte. Seitdem sind hier im Alpengarten seltene Enzian-, Steinbrech- und Alpenrosenarten vertreten; natürlich auch echtes Edelweiß, das in der Wildnis unter Naturschutz steht. Es blüht von Juli bis September, hier versteckt im hintersten Bereich des Gartens. Den genauen Ort der Blumen lässt man sich am besten vom netten Personal im hölzernen Eingangshäuschen erklären.

Besonders für humorvolle Großeltern bietet der Alpengarten noch eine Sensation. Hier befindet sich nämlich auch eine Bonsai-Ausstellung mit bis zu 190 Jahre alten Sorten. Sie sind kleiner als ein Kindergartenkind, nämlich nur ungefähr 30 Zentimeter hoch, aber knorrig wie alte Baumriesen. Jedes Bäumchen ist mit einer Altersangabe beschriftet. Hier lässt sich ein lustiges Souvenirfoto von einem Bäumchen und den gleichaltrigen Großeltern machen.

TIPP: Die Bäume im Miniformat gibt es auch im Bonsaistudio Ebetshuber in der Simmeringer Hauptstraße 93.

Adresse Landstraßer Gürtel 1, 1030 Wien, Tel. 0664/8198312, www.wien.info/de/orte/alpengarten // **ÖPNV** Straßenbahn 1, 18, D, O; S-Bahn S 1, S 2, S 3, S 4, Station Quartier Belvedere // **Öffnungszeiten** 23. März – 5. Aug. täglich 10 – 18 Uhr, bei Schlechtwetter geschlossen // ab 3 Jahre

3_ DER ÄLTESTE WÜRSTELSTAND

Auf ein paar Frankfurter zum LEO

Sie sind eine Wiener Institution, auch wenn die klassischen, bekannten Würstchen hier nicht Wiener heißen, sondern Frankfurter: die Wiener Würstelstände. In einer Stadt, die für ihre Bälle berühmt ist, braucht man Möglichkeiten für einen kleinen abendlichen oder sogar nächtlichen Snack zwischendurch – mit Kindern manchmal ebenso.

Der älteste ist der Würstelstand LEO an einer belebten Kreuzung an der Grenze des 9. zum 19. Bezirk. Er wurde 1928 – noch als Würstelwagen zum Ziehen – gegründet. Selbstverständlich ist der Stand mehrmals um- und neu gebaut worden und von seinem ursprünglichen Ort gegenüber der Apotheke auf den jetzigen Platz beim Taxistand übersiedelt.

Zu den berühmtesten Gästen zählte Ex-Bundeskanzler Dr. Bruno Kreisky, der in das Stammbuch des damaligen Verkäufers Fritz schrieb, dass es ihm hier besser geschmeckt habe als nur wenige Stunden davor beim Festbankett.

Familie Mlynek legt Wert auf regionale Produkte, und das schmeckt man. Zum Trinken gibt es hier zum Beispiel das Klosterneuburger Kracherl, eine Limonade mit Himbeer- oder Zitronengeschmack. Neben klassischen Hotdogs, Käsekrainern oder Bratwürsten hat der Würstelstand LEO auch Pommes für Kinder zu bieten oder einen Veggieburger für Vegetarier. Alles wird vor Ort frisch gemacht. Gruppen ab vier Personen können sich an »Big Mama« gütlich tun, einer Riesen-Käsekrainerwurst mit mehreren Beilagen.

Adresse Döblinger Gürtel 2, 1190 Wien // **ÖPNV** U6; Straßenbahn 37, 38; Bus 35A, 37A, Station Nußdorfer Straße // **Öffnungszeiten** Mo–Sa 10–4 Uhr, So 12–2 Uhr // ab 2 Jahre

4_ DAS ATELIER ADSELINI

Töpfern nach Herzenslust

Kinder lieben es, sich kreativ auszutoben – die Eltern nicht immer. Bedeutet dies doch oft eine große Putzaktion danach. Das Gefühl, mit eigenen Fingern aus Ton etwas zu basteln, möchten Eltern ihren Kindern dennoch gönnen. Dass das weiche Material irgendwie geformt wird, ist den meisten Kindern klar. Doch: »Wieso zerfallen Schüsseln nicht, wenn Wasser reinkommt?«

Es gibt einen Ort, wo sie all dies eigenhändig ausprobieren dürfen: das Atelier Adselini von Adriana Galabova. Die gebürtige Bulgarin kam Mitte der 90er Jahre nach Wien und baute sich ihren Traum quasi aus dem Nichts auf. Die bunten Keramikbuchstaben sind schon von ferne an der großen grünen Holztür sichtbar. Drinnen funkelt es vor lauter Kunstwerken. Im Gegensatz zu anderen Werkstätten gibt es hier keine fertigen Rohlinge. Alles, was bemalt wird, wird zuerst eigenhändig aus Ton gefertigt.

Die Töpferworkshops bestehen aus zwei Terminen: Beim ersten werden die Kunstwerke geknetet und geformt. Danach müssen sie einige Tage trocknen und werden vorgebrannt. Anschließend werden sie in einem zweiten Schritt mit speziellen Farben glasiert und kommen nochmals in den Ofen. Bei 1.000 Grad verwandeln sie sich dann in mehr oder weniger schwer verwüstliche Kunstwerke. Von Magneten für die Kühlschranktür über Christbaumschmuck und Deko-Artikel bis hin zu Krügen und Schüsseln kann hier alles getöpfert werden, was das Herz begehrt. Wer Ton nicht mag, kann nach Voranmeldung Mal- oder Zeichenkurse buchen.

TIPP: Wie in Wien – von den Römern »Vindobona« genannt – vor 2.000 Jahren getöpfert wurde, kann man sich im Römermuseum, einer Außenstelle des Wien Museums, ansehen (Hoher Markt 3).

Adresse Penzinger Straße 66, 1140 Wien, Tel. 0699/19660996, www.adselini.net // **ÖPNV** U 4; Straßenbahn 10, 60; Bus 51 A, 56 A, 56 B, 58 A, Station Hietzing // **Öffnungszeiten** nach Anmeldung (Telefon und Website) // ab 3 Jahre

5_ DER BAMBUSWALD

Einmal Panda sein

Spielen Ihre Kinder auch so gern Tiere nach? Viele lieben die herzigen Pandabären, die nur Bambus fressen. In Wien muss man nicht nach China fahren, um in einen Bambuswald einzutauchen, man kann dies im Botanischen Garten der Universität tun. Im lang gezogenen Landschaftspark befindet sich der Bambuswald ziemlich in der Mitte. Seitlich vom Hauptweg stehen die armdicken Stangen, die so hoch sind wie mehrere Kinder übereinander.

Man betritt den Wald über den Bambusweg. Das Gitter ist nötig, damit die Besucher nicht auf die jungen, noch weichen Sprossen treten; dann würden sie nämlich nicht mehr weiterwachsen. Der Bambushain steht hier seit über 120 Jahren. Obwohl er so alt ist, hat er noch nie geblüht. Zum Glück! Denn nachdem Bambus geblüht hat, stirbt er. Es gibt so viele Bambussprossen, dass man sie gar nicht alle zählen kann. Dabei handelt es sich um eine einzige Pflanze! Die Sprossen sind unter der Erde miteinander verbunden – der Bambus ist wie ein riesiges Grasbüschel, dem immer neue Halme wachsen.

Hat man das Innere erreicht, fühlt man sich tatsächlich wie auf einem fernen Kontinent. Im Herbst bildet das dunkle Grün der Stauden einen schönen Gegensatz zur rotgoldenen Vegetation, und mit etwas Glück huscht dann im chinesischen Bambuswald auch ein echtes Wiener Eichhörnchen durch das Geäst.

Abseits des Bambuswaldes besticht der Botanische Garten im 3. Bezirk durch wunderschöne Natur. Gleich beim Eingang gibt es Kakteen und einen kleinen Steingarten mit einem Bach.

Adresse Eingang: Mechelgasse 2, 1030 Wien, Tel. 01/427754100, www.botanik.univie.ac.at/hbv (alternativ: Jacquintor oder Reitertor) // **ÖPNV** Straßenbahn 71; S-Bahn S 1, S 2, S 3, S 4, S 7, S 80, Station Rennweg // **Öffnungszeiten** Tor Eingang Mechelgasse 2: Nov., Dez., Jänner 10–16 Uhr, Feb.–März und Okt. 10–17 Uhr, April–Sept. 10–18 Uhr, 24. Dez.–6. Jänner geschlossen // ab 0 Jahre

6_ DAS BAOMI
Kinder-Spiel-Café und Vietnam-Bistro

Wer in Wien gut vietnamesisch essen gehen will, muss nicht weit fahren. Auch die Straßenbahn führt einen zu fernöstlichen Genüssen. Und das Beste ist: Das Restaurant Baomi ist gleichzeitig ein Kinder-Spiel-Café!

Im Gegensatz zu anderen Kindercafés gibt es hier aber auch richtig gutes warmes Essen. Dafür sorgen die riesige, offene Küche und der große, luftige Raum, dessen Hälfte als großer Indoorspielplatz gestaltet ist, den man von den Tischen aus bequem sieht. Mit dem Essen in der Hand Kindern hinterherzulaufen fällt also weg – man kann in Ruhe essen und einfach hin und wieder einen Blick auf die Spielenden werfen. Märchenhaus, Rutsche, viel kleines Spielzeug – bis Fünfjährige sind hier locker beschäftigt, und Dinge wie Kinderwagenparkplatz, Wickelstation oder Aufladestation fürs Handy für vergessliche Eltern sind selbstverständlich. Man kann als Kind auch nur zum Spielen vorbeikommen. Und man kann natürlich auch nur zum Essen vorbeikommen – ganz ohne Kinder.

Das junge Betreiberpaar, das selbst ein kleines Kind hat, ist vor der Eröffnung vor einem halben Jahr gut zwei Jahre lang mit einem Zelt durch die Lande getourt und hat die Speisen in ihrer mobilen Garküche bei Festivals angeboten, um zu probieren, was den Leuten am besten schmeckt. Davon profitieren jetzt die Suppen, Currys, Sommerrollen und Salate… alles frisch, leicht, mit viel kurz gegartem und rohem Gemüse, Fleisch oder aber auch vegan. Vieles ist glutenfrei. Empfehlung der Autorin: Die Mango-Sommerrolle!

Adresse Althanstraße 37, 1090 Wien, www.baomi.at // **ÖPNV** Straßenbahn 33, D, Station Althanstraße // **Öffnungszeiten** Mo–Fr 10–19 Uhr, Sa, So geschlossen // ab 0 Jahre

TIPP: Kleinkinder mit Bewegungsdrang können an der historischen Vereinsstiege zwischen Nußdorfer Straße (bei Hausnummer 78) und Liechtensteinstraße (bei Hausnummer 121), welche den alten Donauhang überwindet, dem Treppensteigen frönen – Eltern die Jugendstil-Kandelaber bewundern.

7_DER BASKETBALLKORB IM SIEBENSTERNPARK

Mut zur Lücke

Beim Betrachten von Tourismusprospekten könnte man meinen, typisch wienerische Parks seien Landschaftsgärten mit barockem Flair, herrschaftlichen Palais und üppiger Blumenpracht. Die Wiener lieben an ihrer Stadt jedoch auch die Möglichkeit, Kindern und Jugendlichen mitten in Betonwüsten ein wenig Grünraum als Auslauf bieten zu können. Absichtlich angelegte Grünflächen nennt man »Beserlpark« – in letzter Zeit ist aber auch die typisch wienerische Spezialität »Baulückenpark« entstanden.

Ein Paradebeispiel ist der im Siebensternpark, der sich mitten in dicht verbautem Gebiet befindet. Ein schmales, unbebautes Rechteck von nur rund 1.000 Quadratmetern hat genügt, um hier eine Großstadtoase zu schaffen, die zwar nicht durch ihre Botanik, dafür aber durch Erfindungsreichtum besticht. Der Park wurde im Frühjahr 2011 von tilia, einem Büro für Landschaftsplanung, neu gestaltet – und das ziemlich gut: Trotz der kleinen Fläche wurde auch an Jugendliche gedacht, die den typischen Kleinkinderspielplätzen längst entwachsen sind. Mit einem **Basketballkorb**, der oft und gern, besonders an Nachmittagen nach der Schule, bespielt wird. Man braucht ja kaum Ausrüstung dafür.

Gegen den großen Durst gibt's hier auch einen Trinkbrunnen. Wer nicht Ball spielen mag, kann einfach zusehen und versuchen, das ultimative Ballspielfoto zu schießen.

Adresse Siebensterngasse zwischen Haus Nummer 23–34 und 38, 1070 Wien // **ÖPNV** Straßenbahn 49; Bus 13 A, Station Siebensterngasse // **Öffnungszeiten** Nov.–März 7–18.45 Uhr, Okt. 7–19.45 Uhr, April–Sept. 7–21.45 Uhr // ab 10 Jahre

8_DAS BEGEHBARE AQUARIUM
Unter Fischen

Manchmal tut es gut, die Perspektive zu wechseln. Warum nicht einmal Fische von unten betrachten? Dies kann man ganz gemütlich im Aquarien- und Terrarienhaus des Tiergartens Schönbrunn. Dieser auch »Kroko-Pavillon« genannte Bereich liegt gleich beim Ausgang und ist ein kleiner »Zoo im Zoo«.

Ein Besuch ist vor allem in der kalten Jahreszeit schön. Zuerst spaziert man durch den hellen Teil des Terrarienhauses. Hier lebt der älteste Zoobewohner. Das Schildkrötenmännchen Schurli ist über 100 Jahre alt und wohnt seit 1953 im Tiergarten Schönbrunn. Danach gelangt man in die dunkle Welt der Aquarien. Falls hier Kinder sind, ist das Gewusel auf der kleinen Rutsche kaum zu übersehen. Linker Hand öffnet sich das 170.000 Liter fassende Tunnelaquarium, das auf der Welt seinesgleichen sucht. Betritt man die acht Meter lange Unterführung, hat man das Gefühl, sich in einem gläsernen Schiff mitten im Amazonas zu befinden. Links, rechts, oben – überall tummeln sich Schwärme kleiner Salmoniden. Mit langsam pulsierenden Bewegungen schieben sich schwarz-weiß gepunktete Süßwasserstechrochen im Polka-Dot-Look dazwischen, darüber schweben Arapaimas, die größten Süßwasserfische der Welt. Hebt man den Kopf, glaubt man, tief unter dem Wasserspiegel zu schweben.

Am Rückweg gibt's dann noch eine Sensation: In einem separaten Bereich des hellen Teils des Terrarienhauses kann man endlich auch den Namensgeber des »Kroko-Pavillons« bewundern: das Beulenkrokodil, das trotz seines Namens sehr gesund aussieht.

> **TIPP:** Wer pelzige Tiere lieber mag, der findet vor allem im Herbst mit ein bisschen Glück ganz viele frei laufende Eichhörnchen im angrenzenden Schlosspark Schönbrunn. Manche lassen sich sogar füttern.

Adresse Hietzinger Hauptstraße 1, 1130 Wien, www.zoovienna.at, Tel. 01/87792940 // **ÖPNV** U 4; Straßenbahn 10, 60; Bus 51 A, 56 A, 56 B, 58 A, Station Hietzing, Eintrittskarte als Ticket für Hin- und Rückreise mit öffentlichen Verkehrsmitteln gültig // **Öffnungszeiten** Mo – So Nov.–Jänner 9 – 16.30 Uhr, Feb. 9 – 17 Uhr, März und Okt. 9 – 17.30 Uhr, April – Sept. 9 – 18.30 Uhr // ab 3 Jahre

9_DIE BESTEN BÖHMISCHEN SPEZIALITÄTEN

Liwanzen am Nordpol

Um die besten Mohnnudeln, Liwanzen, Palatschinken oder Marmeladetaschen zu finden, muss man in Wien bis zum Nordpol gehen. So weit weg ist der allerdings auch wieder nicht, vor allem, wenn man ihn mit einem Besuch im Augarten verbindet. An einer Ecke der kleinen Nordpolstraße, die mehr breit als lang ist, befindet sich das Wirtshaus Am Nordpol 3. Gleich vorweg: Einen Wickeltisch wird man hier vergeblich suchen, praktischerweise ist das Café Lauserpause (siehe Ort 47) mit babyfreundlicher Ausstattung gleich gegenüber. Wenn man aber mit Kindern in Süßspeisengenüssen schwelgen will, die höchstens die Oma so gut hinbekommen hat, ist man hier richtig.

Betritt man das Lokal, wird man erst einmal staunen: Es ist sehr bunt. Das liegt daran, dass »das Nordpol« voller Kunstwerke ist. Bilder, Figuren, Malerei, Deko, verschiedene Tische und Sessel und dazu die umwerfend herzliche Atmosphäre – das macht dieses Wirtshaus aus. Das kann nicht nur wienerisch sein, da ist auch eine Menge Monarchie-Nostalgie dabei. Denn Österreich ist ja ein Schmelztiegel der Völker, und das ehemalige Königreich Böhmen auf dem Gebiet des heutigen Tschechien war Teil der Habsburgermonarchie. Von dieser ehemaligen Verbindung hat die Wiener Küche profitiert.

Sehr zu empfehlen sind hier Liwanzen, auch Dalken genannt. Es handelt sich um Hefeteigkreise, die in der Pfanne gebacken und mit Topfen, Powidlmarmelade, Zimt und Zucker gegessen werden.

Adresse Nordwestbahnstraße 17, 1020 Wien, Tel. 01/3335854 // **ÖPNV** Straßenbahn 2, 5, Station Am Tabor // **Öffnungszeiten** Mo–Fr 17–24 Uhr, Sa und So 12–24 Uhr // ab 2 Jahre

10_ DER BIKEPARK WIENERBERG

Ein Sommer wie damals

Kinder der 80er Jahre erinnern sich noch an Werbefilme, in denen Väter mit ihren Söhnen zum Fahrradfahren ausschwärmten, und an die Hügel mit den ausgefahrenen Spuren. Heutzutage eine Seltenheit, gibt es BMX-Bahnen jedoch noch immer! Eine sehr schöne findet sich im Wienerberg-Gelände. Dieses naturbelassene Gebiet hat seinen Namen von der Fabrik »Wienerberger«, die, wie seinerzeit schon die Römer, das lehmhaltige Erdreich zur Herstellung von Ziegeln nutzte. Durch die Grabungen entstand auch der Wienerberg-Teich, das Herzstück des Erholungsgebietes, um das herum man joggen und spazieren kann. Die Schotterwege sind breit und kinderwagenfreundlich – Hunde haben eine eigene umzäunte Auslaufzone.

Steigt man an der Straßenbahnhaltestelle »Otto-Probst-Straße« aus, erreicht man nach Überqueren der Gleise im Sommer ein wogendes Weizenfeld, hinter dem die Türme der Gebietskrankenkassa in den Himmel aufragen. Folgt man rechter Hand dem Waldweg in Sichtweite des dahinterliegenden Pensionistenwohnhauses, gelangt man nach zehn Minuten zum Wiesenspielplatz, in dessen hinterem Bereich sich die BMX-Bahn befindet.

Gleich vorweg: Die Schanze ist nur etwas für Könner! Der Rest der Bahn ist problemlos auch mit Mountainbikes zu befahren. Wer kein Fahrrad dabeihat, kann – außerhalb des Spielplatzes – ein Stückchen weiter hügelabwärts in Richtung Wienerberg-Teich spazieren. Selbst wenn das Wasser sauber ist, ist die Frage um das Baden im Teich »typisch wienerisch« gelöst: Es ist weder erlaubt noch verboten.

Adresse Wienerberggründe, Eingang: Station Otto-Probst-Straße, schräg gegenüber der Bäckerei Anker (Otto-Probst-Straße 3) // **ÖPNV** Straßenbahn 67, Station Otto-Probst-Straße // **Öffnungszeiten** rund um die Uhr // ab 10 Jahre

11_DAS BLUTGASSENVIERTEL

Unter Pawlatschen latschen

Das Blutgassenviertel ist etwas für Abenteuerlustige. Es gehört zu den ältesten Stadtvierteln Wiens. Der Ursprung des Namens ist unklar; entweder leitet er sich von alten Fleischereien her oder von einer Ritterschlacht. Die Fundamente der Häuser stammen noch aus dem Mittelalter. In einen der schönsten Durchgänge gelangt man, wenn man von der Singerstraße links in die Blutgasse einbiegt, die mit Schwibbögen übermauert ist. Diese stützten im Mittelalter die Häuser.

Bei Hausnummer 3 gibt es einen tagsüber geöffneten Durchgang in einen wunderschön bepflanzten Pawlatschenhof. Was wie Palatschinken klingt, ist ein Innenhof mit typisch wienerischen, offenen, umlaufenden Laubengängen. Das Wort stammt aus dem tschechischen »pavlac« für »offener Hauseingang«. Diese Höfe im Blutgassenviertel sind nicht offen angeschrieben, aber bis auf Widerruf begehbar.

Durchquert man den Pawlatschenhof, kommt man über eine Treppe entweder in ein weiteres Stiegenhaus und dann rechts in den Fähnrichshof, einen schönen alten Innenhof aus dem 13. Jahrhundert, der sich wieder zur Singerstraße öffnet, oder man geht die Treppe hinunter und gelangt durch eine schmale Gasse in die Grünangergasse.

Den Weg kann man natürlich auch umgekehrt gehen. Man biegt dann in der Grünangergasse gegenüber dem Baum, der dort aus dem Beton zu wachsen scheint, in das namenlose Gässchen links ein.

Adresse Blutgasse 3, 1010 Wien // **ÖPNV** U 1, U 3; Bus 1 A, 2 A, 3 A, Station Stephansplatz // **Öffnungszeiten** bis auf Widerruf durchgehend geöffnet, Hausdurchgänge nur leise und mit Rücksicht auf Hausbewohner besuchen // ab 4 Jahre

TIPP: Wer Lust auf Palatschinken bekommen hat: Im französischen Restaurant Ma Crêperie in der Grünangergasse 10 gibt's herrliche Crêpes – doch sagen Sie niemals »Palatschinken« zu ihnen!

12_ DER BODEN-LEHRPFAD

Beileibe nicht nur Schmutz

Kinder graben gern in der Erde und sollten dies auch hin und wieder tun dürfen – ein bisschen Schmutz trainiert das Immunsytem. Das Kühle, Feuchte, Körnige wird mit allen Sinnen erlebt, doch kaum ein Kind macht sich Gedanken, was im Boden so alles drinsteckt. Mit dem Bodenlehrpfad am Roten Berg kann man Kinder überraschen und bei einem »typischen« Spielplatz-Ausflug an der frischen Luft gemeinsam mit ihnen selbst etwas über die Natur lernen.

Der »Rote Berg« hat seinen Namen vom hohen Gehalt an Eisenoxid. Unter ihm brausen im – von den Wienern liebevoll so genannten – »Wildschweintunnel« die ICEs durch. Schließlich befindet man sich in unmittelbarer Nähe zum Lainzer Tiergarten, der für seine Borstentiere bekannt ist. Den Bohrungen für diesen Tunnel verdankt man viel Wissen über das Erdreich. Der Lehrpfad informiert über versteckte Tiere, Gesteinsarten, Vegetation, Umweltschutz und Verwendung des Bodens. So lernen Kinder, wie ==Kompost== entsteht.

Der Pfad startet auf einem schmalen, asphaltierten Weg, führt durch eine Wiese, die im Winter zum Rodeln einlädt, und ist auch mit Kinderwagen gut begehbar. Die großen Schautafeln sind in kurzen Abständen verteilt, es gibt eine WC-Anlage und einen Trinkbrunnen.

Folgt man den Tafeln, winkt nach circa zehn Minuten zur Belohnung links ein ==Waldspielplatz==. Schafft man es, die Kinder daran vorbeizulotsen, kann man bis auf den Gipfel hinaufgehen, von wo aus man einen schönen Blick über Wien und bis zur Kuppel der Otto-Wagner-Kirche hat.

Adresse Beginn: Heinz-Nittel-Weg/Ecke Veitingergasse // **ÖPNV** Bus 54 A, 54 B, Station Veitingergasse // **Öffnungszeiten** rund um die Uhr // ab 8 Jahre

13_DER BOTANISCHE GARTEN SCHÖNBRUNN

Lauter lustige Bäume

Der Perückenbaum ist leicht zu sehen. Er befindet sich gleich neben dem Seitentor in der Maxingstraße und zeigt im Frühsommer seine wollige Haarpracht. Mit dem Zahnwehbaum wird das schon schwieriger. Er steht bei der Giraffe. Der Botanische Garten Schönbrunn ist durch die Nähe zum Tiergarten nicht nur für ruhesuchende Kinderwagenmütter, sondern auch für größere Naturfreunde ein Anziehungspunkt. Erreichen kann man ihn über die Abzweigung nach rechts direkt vor dem Zoo-Eingang oder durch ein Außentor in der Maxingstraße, das am Wochenende eingeschränkte Öffnungszeiten hat.

Frühling und Herbst sind die empfehlenswertesten Jahreszeiten. Manche Wiesen werden im Frühsommer bewusst hoch stehen gelassen, sodass man sich auf eine Bank setzen und mitten in der Stadt dem Summen der Insekten zuhören kann. Durch einen Zaun sieht man einen Tunnel des Zoos, der zum Affenhaus (mit dortigem Restaurant und Spielplatz) führt. Bei dieser Untertunnelung lugt hinter den pink blühenden Sträuchern plötzlich die riesige Deko-Giraffe hervor.

Erschließen kann man den Park auch mit der Bimmelbahn (Schönbrunner Panoramabahn), die vom Hietzinger Tor durch den Botanischen Garten fährt. Sie tuckert ein naturbelassenes Waldstück hoch bis zum nachgebildeten Bauernhaus »Tirolerhof«, wo man Tiere streicheln und Apfelstrudel essen kann.

TIPP: Gleich hinter dem Eingang, vom Zoo aus gesehen, steht rechts ein prachtvoller Esskastanienbaum, unter dem man im Herbst – sofern man schnell genug ist – auf dem Kiesweg vielleicht ein paar Maroni erwischt.

Adresse Hietzinger Hauptstraße 1, 1130 Wien; Durchgang rechts vor dem Eingang des Tiergartens Schönbrunn oder durch das Seitentor gegenüber Maxingstraße 42–44 // **ÖPNV** U4; Straßenbahn 10, 60; Bus 51A, 56A, 56B, 58A, Station Hietzing; Schönbrunner Panoramabahn, Station Hietzinger Tor (fährt zweimal pro Stunde, nur bei schönem Wetter, Tickets im Zug erhältlich, panoramabahn@zoovienna.at) // **Öffnungszeiten** Hietzinger Tor Nov.–Feb. 6.30–17.30 Uhr, März, Sept., Okt. 6.30–19 Uhr, April und Aug. 6.30–20 Uhr, Mai, Juni, Juli 6.30–21 Uhr // ab 2 Jahre

14_ DAS BUNDESBAD ALTE DONAU

Warmduschen mit Retro-Charme

Wäre Noah nicht auf dem Berg Ararat gestrandet, hätte er sich möglicherweise das Bundesbad Alte Donau ausgesucht. Denn seine Arche ist das Wahrzeichen dieses neu gestalteten Strandbades am »Meer« der Wiener, der Alten Donau. »Wenn i den See seh, brauch i ka Meer mehr«, sagen sie gern. Tatsächlich ist die Alte Donau eine Art See, nämlich ein überwiegend durch Grundwasser gespeister Altarm der Donau, der längst nicht mehr mit dieser verbunden ist. Das Wasser ist trotzdem klar und – bis auf regelmäßigen Wuchs von Wasserpflanzen, denen mit Mähbooten zu Leibe gerückt wird – von tadelloser Badequalität.

Geht man von der U-Bahn-Station »Alte Donau« in Richtung des Donauturms, ist das Bundesbad das nächstgelegene der Bäder, die an der Arbeiterstrandbadstraße aufgefädelt sind. In der verspiegelten Decke des Eingangsbereiches kann man die kopfüber vorbeifahrenden Radfahrer betrachten. Im Vergleich zum direkt danebenliegenden Strandbad Alte Donau ist das Bundesbad das ruhigere und hat kein künstliches Schwimmbecken. Man muss also das Risiko in Kauf nehmen, beim Schwimmen von Wasserpflanzen am Bauch gekitzelt zu werden.

Davor liegt ein seichter, 150 Meter langer Kieselstrand mit tierförmigen Kleinkindrutschen, es gibt Gratis-Warmduschen und eine beschattete Sandkiste. Teenies und Eltern freuen sich über schattige Liegewiesen, flächendeckendes WLAN und ein Restaurant mit Kantinencharme der 80er Jahre.

Adresse Arbeiterstrandbadstraße 93, 1220 Wien // **ÖPNV** U1, Station Alte Donau; Bus 20A (20B), Station Bundessportbad // **Öffnungszeiten** Mo–Fr 9–19.30 Uhr, Sa und So 8–19.30 Uhr // ab 0 Jahre

15_DAS CINEMAGIC

Kino für junge Leute

»Du, was hat der eigentlich gemeint? Und toll, wie der geflogen ist!« Fast jeder kennt die starke Wirkung der bewegten Bilder im Kopf beim Verlassen eines Kinosaals. Erwachsene, die gemeinsam ins Kino gehen, plaudern nachher gern noch bei einem Getränk darüber. Für Kinder gibt es diese Möglichkeit auch!

Die Wiener Urania war schon immer ein Ort zum »Sterneschauen«. Sie ist Ende des 19. Jahrhunderts als Volksbildungshaus mit astronomischer Warte erbaut worden. Seit 2013 kann man in ihr auch die echten Stars beobachten, nämlich im Kinder- und Jugendkino cinemagic. Dieses gehört zum Verein wienXtra, der in Kooperation mit der Magistratsabteilung für Bildung und Jugend viele Spiel- und Bildungsmöglichkeiten in Wien geschaffen hat. 268 Sitzplätze warten hier auf die Kinder, es gibt auch zwei Rollstuhlplätze, Sitzerhöhungen und natürlich einen Wickeltisch.

Besonderen Wert legen die Mitarbeiter auf die Qualität der Unterhaltung, sie sehen alle Filme »auf Probe«. Für Kinder von vier bis 13 Jahren gibt es neben aktuellen Filmtiteln auch schöne Klassiker. Bemerkenswert sind die Mitmach-Aktionen zum Reflektieren und Besprechen direkt nach dem Film, wo die Kinder die Möglichkeit bekommen, ihre Meinung zum Film zu äußern. Für Kinder ab drei Jahren gibt es ein Bilderbuch-Kino. Dieses wird live von einem Erzähler und einem Musiker begleitet und passt sich dem Erzähltempo von Kleinkindern an.

Übrigens: Jeden Herbst finden hier Filmfestivals mit besonders großer Auswahl statt.

Adresse Uraniastraße 1, 1010 Wien, Tel. 01/400083400, www.cinemagic.at // ÖPNV U1, U4, Station Schwedenplatz; Straßenbahn 1, 2, Station Julius-Raab-Platz // Öffnungszeiten Spielplan siehe Homepage // ab 3 Jahre

TIPP: Erwachsene, die mit Kinderwagen ins Kino gehen möchten, haben jeden zweiten Dienstag im Monat im Babykino des Votivkinos in der Währinger Straße 12 diese Möglichkeit (www.votivkino.at).

16_ DIE CONFISERIE ZUM SÜSSEN ECK

Ein echtes Wiener Zuckerlgeschäft

Es gibt wohl kaum ein Wiener Kind, das nie vor oder nach der Schule in einem »Zuckerlgeschäft« einfiel und sich um ein paar Groschen etwas kaufte, das ihm den Heimweg oder das Sitzen in langweiligen Stunden versüßte. Es soll auch Kinder gegeben haben, die dafür extra ein paar Straßenbahnstationen früher ausgestiegen sind. Viele der ehemaligen Konditoreien mussten Supermärkten weichen, und man findet sie im Stadtbild leider immer seltener. Richtige Wiener Zuckerlgeschäfte gibt es kaum noch.

Gegenüber der Volksoper gibt es noch eine echte Confiserie, und das schon seit über 100 Jahren. Ob Schokoladen aus aller Welt, 110 verschiedene Sorten Lakritze, Trüffelkugeln, Marzipankonfekt oder österreichische Klassiker wie Krachmandeln oder Schokomaroni: Hier findet jede Naschkatze das Richtige. Schließlich kennt der Familienbetrieb bis zu 5.000 Spezialitäten aus aller Welt, die sorgfältig ausgesucht, probiert und importiert werden. Die Confiserie verfügt auch über einen Onlineshop, in dem Schokoladenhungrige rund um die Uhr bestellen können, auch Last-minute-Geschenkideen, zuckerfreie oder vegane Schokolade.

Das Geschäft sieht innen so aus, wie man es aus seiner Kindheit kennt, mit Duft nach Lakritze und Süßigkeiten bis zur Decke. Jedes Kind bekommt hier auch einen bunten Bastelbogen, mit dem es sein Zuckerlgeschäft sogar nachbauen kann.

Lieblingstipp der Chefin sind übrigens die Wiener Schokopastillen mit bunten Streuseln.

Adresse Währinger Straße 65, 1090 Wien, www.suesseseck.at // ÖPNV U6; Straßenbahn 40, 41, 42, Station Währinger Straße-Volksoper // Öffnungszeiten Di–Sa 10–19.30 Uhr, Mo ab 14 Uhr // ab 4 Jahre

17_ DER DINOSAAL

In einem Land vor unserer Zeit

»Mama, ist der echt?«, fragt das Kind. Der Allosaurier schwingt seinen mächtigen Hals mit dem kleinen Kopf hin und her, reißt das Maul auf, brüllt heiser. Das Kind schaut fasziniert. »Der bewegt sich, also ist er echt«, sagt es überzeugt, um wenig später leise hinzuzufügen: »Aber eigentlich steht er immer an derselben Stelle!«

Lassen Sie es Ihre Kinder selbst herausfinden – im Saal 10 des Naturhistorischen Museums. Ganz besonders toll ist hier die täuschend echte Bewegungsfähigkeit einer der Riesenechsen, die die Kinder staunen lässt. Die dämmrige Atmosphäre im Saal trägt das Ihre zu einem wohligen Schauer bei. An der Decke hängt das Skelett eines Flugsauriers mit sieben Metern Flügelspannweite. Weiter hinten das einer Ur-Schildkröte, das so groß ist wie ein Bett. Computeranimationen erklären die Entwicklung, Ausbreitung und die Gründe des Aussterbens dieser Tiere.

Das Naturhistorische Museum ist aus der Sammelleidenschaft eines Monarchen entstanden: Kaiser Franz I., Gemahl von Maria Theresia, kaufte um 1750 die ersten Sammlungen und besuchte sie jeden Tag. Ein Ausflug mit Kindern heute lohnt sich auch wegen der Fülle aller anderen Tiernachbildungen, der vor 200 Jahren ausgestorbenen Seekuh, der Meteoriten und Mumien und nicht zuletzt wegen der riesigen geschwungenen Renaissancetreppe aus Marmor. Es soll Kinder geben, denen diese noch besser gefällt als die 30.000 Schaustücke.

> **TIPP:** Auf dem Maria-Theresien-Platz, dem Park zwischen Naturhistorischem und Kunsthistorischem Museum, gibt es vier schöne Brunnen, für deren Gestaltung Figuren von Nymphen, Kindern und dem altgriechischen Meeresgott vorgegeben waren.

Adresse Burgring 7, 1010 Wien, www.nhm-wien.ac.at // **ÖPNV** U 2, U 3; Straßenbahn 1, 2, 71, D, 46, 49; Bus 48 A, Station Volkstheater // **Öffnungszeiten** Mo und Do – So 9 – 18.30 Uhr, Mi 9 – 21 Uhr, Di geschlossen // ab 3 Jahre

18_ DIE DONAUPARK-BAHN

Die kleine Schwester ohne Schnitzelfett

»Was ist eigentlich unter uns?« Solche Fragen muss man als Eltern gewohnt sein, auch und gerade auf einer Rundfahrt im idyllischen Donaupark. Dieser befindet sich nämlich auf einer ehemaligen Mülldeponie, die sich bis 1960 im Ufergebiet der Donau erstreckt hat. Die Wiener Internationale Gartenschau (WIG) bot 1964 der sich von den Nachkriegswehen erholenden Stadt die perfekte Gelegenheit, das Gelände der stillgelegten Deponie mit dem neu gebauten höchsten Wahrzeichen, dem Donauturm, und zahlreichen Nationengärten zu präsentieren.

Viele dieser Gärten sind heute nicht mehr erhalten, ebenso der spektakuläre Sessellift, der damals die Gäste durch den Park beförderte. Geblieben ist neben dem Donauturm die süße kleine Donauparkbahn als Anziehungspunkt für Kinder. Die »kleine Schwester« der berühmten Liliputbahn im Wiener Prater fuhr im Gegensatz zu dieser nie mit Schnitzelbratfett. Durch die luftigen Waggons aus dem Jahr 1963 weht wie um viele original erhaltene Schilder noch der Geist der aufstrebenden 60er Jahre. Natürlich wurde der Komfort verbessert. So gibt es in jeder Bahn drei bequeme Mehrzweckabteile mit breiterem Einstieg und Platz für Kinderwägen.

In 20 Minuten fährt die Bahn an saftigen Wiesen und dem ehemaligen Papstkreuz vorbei, durch den Föhrenwald oder am idyllischen »Irissee« entlang, der die ehemalige Deponie natürlich klärte. Einer der Züge wurde 2011 von Künstlern zum Thema »Frieden« gestaltet.

Adresse Donauturmstraße 8, 1220 Wien, www.liliputbahn.com/donapark.htm //
ÖPNV U 1, Station Alte Donau; Bus 20 A, Station Donauturm //
Öffnungszeiten Fahrzeiten siehe Homepage // ab 2 Jahre

19 _ DER ECKBACH

An einem Bächlein schnelle

Welches Kind spielt nicht gern an einem Bächlein, baut Dämme, leitet das Wasser um und staut es auf? Hier am Eckbach im Schwarzenbergpark ist dies möglich, während die Eltern im kleinen Ausflugslokal »Zur Allee« sicherheitshalber in der Nähe sind.

Bis 2013 floss der Eckbach in einem gepflasterten Bachbett. Was vor 20 Jahren modern erschien, stellte sich jedoch nicht nur als unschön, sondern auch als großer Nachteil bei Hochwasser und Verschmutzungen heraus. Der Bach wurde daher 2013 von Studenten der Universität für Bodenkultur renaturiert, die Uferbereiche wieder naturnah gestaltet. Über eine Strecke von 200 Metern wurde hier die Pflasterung entfernt und das Bachbett erweitert, sodass kleine Flachwasserbereiche entstanden, in denen sich die Natur ausbreiten kann.

Neben der Sicherheit im Falle eines Hochwassers war das ökologische Gleichgewicht ein zentrales Anliegen. Pflanzen sorgen hier nun für eine natürliche Reinigung des Wassers, das dank kleiner Buchten, Gefälle und Unregelmäßigkeiten im Bachbett mal schneller, mal langsamer fließt, ein Lebensraum für Pflanzen und Tiere geworden ist und sich so besser reinigen kann.

Einen sehr netten Zugang zum renaturierten Bächlein gibt es im Schwarzenbergpark an der Neuwaldegger Straße, schräg gegenüber dem Sportzentrum Marswiese. Ist man ein paar Schritte in den Schwarzenbergpark hineingegangen, sieht man schon die kleine Brücke neben dem Waldlokal »Zur Allee«. Dieses versorgt Eltern und Kinder mit Getränken und kleinen Speisen (auch vegan).

Adresse Schwarzenbergallee 40, 1170 Wien // **ÖPNV** Bus 43 B, Station Linienamt Neuwaldegg // **Öffnungszeiten** durchgehend // ab 7 Jahre

20_DER FAMILIENBADESTRAND

Mit der U-Bahn an den Strand

Kostenlos planschen im kniehohen Naturgewässer – wo kann man das? Natürlich in Wien. Das Strandfeeling wird nicht einmal durch die regelmäßig vorbeiratternden U- und S-Bahnen getrübt. Im Gegenteil, man fühlt sich wie in einer belebten Hafenstadt. Während die meisten öffentlichen Naturbadeplätze nur für Größere geeignet sind, wurde hier, am linken Ufer zwischen Brigittenauer und Nordbahnbrücke, durch Ausbaggerung einer Rinne ein Badeplatz schon für die ganz Kleinen geschaffen.

Die Neue Donau ist ein Entlastungsgerinne der Donau. Sie ist durch den Aushub der Donauinsel entstanden. Führt die Donau zu viel Wasser, wird ein Teil in die Neue Donau umgeleitet. Ansonsten ist sie ein stehendes Gewässer, dessen Qualität regelmäßig überprüft wird. Ein wenig kühler als die Alte ist die Neue Donau schon, dafür aber umso erfrischender und auch in heißen Sommern im Gegensatz zur Alten Donau fast wasserpflanzenfrei. Insbesondere rückenschwimmen lässt sich hier mangels Gegenverkehr fein.

Der Familienstrand an der U 6 bietet leider wenige Schattenplätze, dafür ist er bis zu später Stunde von der Abendsonne beleuchtet. Weiter oben beim Hauptweg gibt es schattenspendende Bäume, einen Kiosk und eine selbstreinigende und für einen Naturbadeplatz erstaunlich hygienische Toilettenkabine, für die man 50 Cent bereithalten sollte. Sie hat sogar einen Wickeltisch und sieht aus wie eine spacige Raumkapsel. Außerdem gibt es hier einen sehr schönen Kinderspiel- und Beachvolleyballplatz.

Adresse linkes Ufer Neue Donau bei der U-6-Station Neue Donau, zwischen Nordbahnbrücke und Brigittenauer Brücke, 1210 Wien // **ÖPNV** U 6; 20 A (20 B), Station Neue Donau // **Öffnungszeiten** rund um die Uhr // ab 3 Jahre

TIPP: Geht man den Fußweg unter dem U-6-Viadukt in Richtung Floridsdorf entlang, erscheint nach zehn Minuten linker Hand der Wasserpark. Dieser besticht durch schöne Teiche und Trauerweiden à la Monet.

21_ DAS FEUERWEHR-MUSEUM

Alarm, es kommt ein Notruf an!

Einmal ein Held sein wie Feuerwehrmann Sam, das wünschen sich viele Kinder. Bei einem Besuch des Feuerwehrmuseums in der Hauptfeuerwache können Kinder gefahrlos Feuerwehrluft schnuppern. Die Wache in Wien ist eine der ältesten der Welt. Im mittelalterlichen Wien kam es immer wieder zu schlimmen Bränden. Bis 1955 war im Turm des Stephansdoms der Türmer zu St. Stephan tätig. Er hatte den Auftrag, bei Erkennen eines Feuers mit einer roten Fahne oder Laterne die Richtung anzugeben, in der es brannte. Ab dem Ende des 17. Jahrhunderts rückten Feuerknechte mit einem Pferdewagen aus, der Tag und Nacht in Bereitschaft stand.

Bereits in den 1920er Jahren wurde in Wien der erste drahtlose Sprechfunk einer Feuerwehr eingeführt, damals eine Weltsensation.

Wo im Erdgeschoss auch heute echte Feuerwehrautos auf ihren Einsatz warten, kann man in acht Schauräumen darüber historische Uniformen, Helme und Geräte besichtigen; vom ersten ledernen Feuerwehrschlauch über Taucheranzüge bis zum Modell des ersten Löschautos von 1903. Im letzten Raum sitzt sogar ein Nachrichtenbeamter, wie er bis 1988 in der Nachrichtenzentrale arbeitete.

Einmal im Jahr, im September, findet in der Straße Am Hof ein Feuerwehrfest statt – da können Kinder sogar Wiederbelebung lernen.

Adresse Am Hof 7, 1010 Wien, Tel. 01/5319951207, Audioguide in deutscher und englischer Sprache herunterzuladen unter www.hearonymus.com // **ÖPNV** U3; Bus 1A, 2A, Station Herrengasse, 3A, Station Schwertgasse oder Renngasse // **Öffnungszeiten** Di 14–17 Uhr, So und Feiertage 9–12 Uhr, für Gruppen nach telefonischer Voranmeldung auch außerhalb der Öffnungszeiten // ab 4 Jahre

22_DER FLÜCHTIGE RIESENRADWAGGON

Der Heurige Sirbu

»Es war einmal ein widerspenstiger Riesenradwaggon …«, so könnte der Beginn einer Geschichte lauten. »Dieser wollte sich nicht immer nur mit den anderen im Kreis drehen. Also machte er sich eines Nachts los und flog weit weg, über die Stadt, die Donau, die Hänge des Nußbergs … und landete im Garten des Weinguts Sirbu.« Und dort steht er tatsächlich – rot und schön, wie frisch vom Riesenrad herbeigeflogen – und ein klein wenig surreal.

Schon allein dies ist den steilen Aufstieg wert. Am besten, man geht von der Endstation der Straßenbahnlinie D im malerischen Nußdorf nach der Zahnradbahnstraße die Bockkellergasse nach rechts und dann die Nußberggasse nach links. Hier kann man auch nach rechts dem Stadtwanderweg 1 folgen, der ist aber steiler und eher für große Kinder geeignet. Von hier aus geht man immer geradeaus, bis man in die Kahlenberger Straße kommt.

»Heurige« sind Weinschenken, bei denen ein Reisigbuschen ans Tor gesteckt wird, wenn der Wein aus demselben Jahr ausgeschenkt wird (die Wiener sagen dazu »ausg'steckt is'«) – für die Kinder gibt's herrlichen Traubensaft. Beim Sirbu sitzt man auf Holzbänken mit Blick über Wien, es gibt einen schönen Spielplatz. Die Getränke werden serviert, das Essen holt man sich selbst beim Buffet – ein typisches Merkmal dieser Lokalform, in der früher kein Kaffee ausgeschenkt werden durfte, um den Cafés keine Konkurrenz zu machen.

> **TIPP:** Wählt man den Rückweg über den Eichelhofweg, passiert man bei der unteren Eichelhofstraße zwei historische Mauerbögen (Bockkellergewölbe), die aus der Zeit um 1735 stammen und zur Stabilisierung des Hanges dienten. Sie sehen aus wie eine gruselige Burgruine.

Adresse Kahlenberger Straße 210, 1190 Wien, Tel. 01/3205928, www.sirbu.at // **ÖPNV** Straßenbahn D bis Station Nußdorf, Beethovengang // **Öffnungszeiten** April–Okt. Mo–Sa 16–23 Uhr, So und Feiertage geschlossen, bei schlechtem Wetter bitte vorher anrufen // ab 5 Jahre

23_ DAS GRÖSSTE FIGURENTHEATER DER STADT

Bei den Puppen im LILARUM

Die Freude am Theater kann man Kindern gar nicht früh genug beibringen. Das aufgeregte Geraschel auf den Stühlen, dann kurze erwartungsvolle Stille, bevor der Vorhang aufgeht. Und dann wird es lustig. Und spannend.

Lustig ist es hier schon seit den 1950er Jahren, da befand sich in den ehemaligen Göllnersälen ein Tanzlokal. Später wurden hier Filme gedreht. Und seit 1997 bewegen sich Puppen über die Bühne. Das LILARUM ist ein ausgesprochen liebevoll gestaltetes Puppentheater für Kinder. Ganz selten gibt es auch Vorstellungen für Erwachsene. Es ist das größte Kindertheater Wiens und schon für ganz Kleine ab drei Jahren geeignet. Unsichtbare Spieler bewegen die Puppen – lauter Unikate, die mit den Stimmen bekannter Schauspieler und Musiker sprechen.

Dem Team ist kindgerechte Unterhaltung »ohne erhobenen Zeigefinger« wichtig. Dennoch sollen die Kinder aus den Geschichten auch etwas fürs Leben mitnehmen. Theaterpädagogisches Begleitmaterial ermöglicht es Eltern, die gesehenen Stücke noch mal mit den Kindern zu reflektieren. Die Musik jeder Vorstellung wurde übrigens extra für das LILARUM komponiert!

Auch die Freude an Büchern wird hier vermittelt – so gibt es für Kinder ab zwei Jahren bereits Bilderbuchkinos. Die Illustrationen aus Kinderbüchern werden auf die große Leinwand projiziert.

Adresse Göllnergasse 8, 1030 Wien, Tel. 01/7102666, www.lilarum.at // ÖPNV U3, Station Kardinal-Nagl-Platz, Bus 77 A, Station Apostelgasse // Öffnungszeiten Vorstellungen siehe Homepage, Reservierungen unter reservierung@lilarum.at // ab 2 Jahre

TIPP: Der nahe »Rabenhof«, ein Gemeindebaujuwel aus der Zwischenkriegszeit, ist eine Abfolge aus autofreien Innenhöfen. Im gemeindebaueigenen Rabenhof-theater in der Rabengasse 3 gibt es auch Kindervorstellungen!

24_DER GÜNSTIGSTE SKILIFT DER STADT

Auf der Dollwiese beim Gasthaus Lindwurm

Auf dem Foto fehlt nur der Schnee. Mit ihm verwandelt sich die Dollwiese neben dem Gasthaus Lindwurm in die günstigste Skipiste Wiens. Sobald genügend Schnee liegt, wird der »Zauberteppich« von der Stadt in Betrieb genommen – ein circa 100 Meter langes Band, das kleine Wintersportler gratis den Hang hinaufbefördert. Mit ihrer leichten Neigung ist die Skianlage Dollwiese insbesondere für Anfänger sehr gut geeignet – Erwachsene dürfen hier bestenfalls die Rodeln ziehen. Die Ausrüstung muss mitgenommen werden. Findige Wiener leihen sie in umliegenden Sportgeschäften aus.

Er muss wohl ganz doll gewütet haben. Der Legende nach hat hier im Wald ein siebenköpfiger Lindwurm gelebt. Er hauste im nahe gelegenen Stock am Wege, einem hohlen, über den Weg ragenden Baum, und verspeiste gern Menschen. Der Einsiedler Veit brachte ihn schließlich durch einen Zauber zum Erschlaffen – nach ihm ist der malerische Ortsteil Ober-St.-Veit benannt.

Im Sommer ist das Gasthaus Lindwurm, das im Winter leider geschlossen ist, ein perfektes Ausflugsziel für Kinder im »Banden-Alter«, die gern auf Bäume klettern und Baumhäuser bauen. Dies ist am Rand der großen Wiese im Gegensatz zu den meisten Wiener Parkanlagen ganz legal. Erwachsene können währenddessen auf Holzbänken unter alten Nussbäumen sitzen.

Adresse Ghelengasse 44, 1130 Wien // **ÖPNV** Bus 54A, 54B, Station Ghelengasse, von dort 300 Meter durch den Wald bis zum Parkplatz, dann über die Holzbrücke zum Gasthaus Lindwurm beziehungsweise zur Dollwiese // **Öffnungszeiten** Dez.–März Mo–Fr 12 Uhr bis Einbruch der Dunkelheit, Sa, So und Feiertage ab 10 Uhr; Lift: Tel 01/4000 51151 (Sportamt, Mo–Fr 7.30–15.30 Uhr) oder Tel. 01/4000 (allgemeine Magistratsauskunft zu allen anderen Zeiten) // ab 3 Jahre

TIPP: Eine weitere Möglichkeit zum Skifahren in Wien findet man auf der Hohe-Wand-Wiese in der Mauerbachstraße 174–184.

25_ DIE HÄNGEMATTEN IM RUDOLF-BEDNAR-PARK

Abkoppeln am Nordbahnhofgelände

Es ist kaum zu glauben, dass hier im 19. Jahrhundert ein dichtes Geflecht an Bahngleisen lag. Sie gehörten zum Nordbahnhof, dem größten Bahnhof der Habsburgermonarchie. Nach seiner Schließung entstand hier eine typische »G'stetten«, wie man in Wien sagt: Brachland mit Bäumen, alten Bahnwärterhäuschen und wilden Mohnblumen, von dem es weiter östlich noch begehbare Reste gibt. Es wird viel gebaut, der Teil um den alten Wasserturm bleibt aber erhalten.

Heute findet man hier ein junges Stadtviertel und mitten in diesem ein Naherholungsgebiet in der Größe von fünf Fußballfeldern. Mit 31.000 Quadratmetern ist der Rudolf-Bednar-Park der größte seit 1974 errichtete Park Wiens und stellt die »grüne Lunge« des Viertels dar. Die ehemaligen Gleise spiegeln sich in den orangefarbenen Stangen, schnurgeraden Wegen und geraden Wasserflächen wider, in denen Schilf wächst, das Tieren ein Zuhause bietet. Vorsicht: Die Biotope frieren schon bei wenigen Minusgraden zu, brechen jedoch beim Betreten schnell auf. Zum Eislaufen sind sie nicht geeignet, weil hier die Wechselschildkröte lebt. Doch es gibt auch gestalterische Brüche: Wer findet die schiefe Reckstange? Ganz abkoppeln kann man sich in den Hängematten am Rand der Wiese. Sie sind an den noch jungen Bäumen befestigt, die einen Baumschleier bilden, der noch wachsen muss.

Adresse Rechteck zwischen Jakov-Lind-Straße, Ernst-Melchior-Gasse, Krakauer Straße und Vorgartenstraße, 1020 Wien // **ÖPNV** U1, Station Vorgartenstraße; Bus 11A, 11B, Station Pensionsversicherungsanstalt oder Walcherstraße; Bus 82A, Station Jakov-Lind-Straße // **Öffnungszeiten** rund um die Uhr // ab 0 Jahre

TIPP: Folgt man der Leystraße nordwestlich stadtauswärts, erreicht man nach circa einem Kilometer die »Freie Mitte«, den unbebaut bleibenden Teil des ehemaligen Nordbahnhofgeländes. Hier leben Eidechsen, Singvögel und Wechselschildkröten, während zwischen alten Gleisen Heidekraut wuchert.

26_DAS HAUPTPOSTAMT AM FLEISCHMARKT

Immer gut ankommen

Wien ist ja nicht gerade für seine Postämter berühmt. Oft gibt es Warteschlangen, und das Aufgeben eines Briefes oder Paketes kann gerade für die Kleinen zu einer wahren Geduldsprobe werden. Dass die Wiener gern »grantig« sind, also nörgeln, ist ja auch schon beinahe so etwas wie ein Kulturgut, insbesondere die Kaffeehauskellner betreffend. Die berühmte Ausnahme ist jedoch das Hauptpostamt am Wiener Fleischmarkt. So heißt die Gasse, in der vor Jahrhunderten tatsächlich Fleisch verkauft wurde.

Diese Postfiliale ist mit Kindern einen Besuch wert. Als einzige in Wien ist sie täglich bis 22 Uhr sowie auch an Sonn- und Feiertagen geöffnet, eignet sich also an verregneten Tagen für einen Abendspaziergang in der Nähe der Innenstadt.

Das Gebäude existiert schon seit dem Mittelalter. Gleich beim Eingang fällt einem das historische Postamt »wie aus Kaisers Zeiten« auf. Hier kann man sich richtig vorstellen, wie die Briefe einst eingesammelt und in die Postkutsche verladen wurden. Lustig sind die knallgelben, bananenförmigen Möbel zum Hochziehen für die ganz Kleinen und das Mini-Postamt in der Mitte des Raumes (ab Kindergartenalter). Hier dürfen Kinder Spielzeugpakete aufgeben und auf einer Rampe hochziehen, die dann tatsächlich an einem nachgebauten Bestimmungsort ankommen und schön rumpelnd in eine Klappe fallen. Hier gibt's auch Süßigkeiten und Getränke sowie Schreibwaren und kleine Geschenke. Gerade die richtige Filiale also, um genüsslich eine Wien-Postkarte zu verschicken.

Adresse Fleischmarkt 19, 1010 Wien // **ÖPNV** U1, U4, Station Schwedenplatz // **Öffnungszeiten** Mo–Fr 7–22 Uhr, Sa, So 9–22 Uhr // ab 1 Jahr

27_DAS HEIZMUSEUM

Holt jeden hinter dem Ofen hervor

Wie lange müsste eine Schulklasse auf einem Stepper treten, um einen Topf Wasser zum Kochen zu bringen? Sie werden es im »Brennpunkt – Museum der Heizkultur« erfahren.

Schon beim Betreten wird einem angenehm warm – dafür sorgt der orangefarbene Anstrich. Im »Heizmuseum« taucht man in die Geschichte des Holzes und des Wärmemachens ein. Wussten Sie, welche Industrieanlagen schon vor Zeiten der Klimaanlage und des Heizkörpers gewärmt oder gekühlt werden mussten? Wie man das machte? Oder wieso sich Tiere im Winter in Löchern vergraben? Wie die ersten Waschmaschinen funktionierten? Vor allem Kinder, die bereits Freude an den Grundzügen von Physik und Chemie haben, werden das Museum lieben. Denn hier darf man im Rahmen einer Führung ganz legal experimentieren und lernt, wie man mit einer Tasse einen Teller zum »Schweben« bringen kann.

Apropos Schüler: Neben Sälen zur Geschichte von Badezimmern und Küchen gibt es auch ein Klassenzimmer zu besichtigen, in dem noch mit Kohle geheizt wurde – und es manchmal wärmer für die Kinder war als zu Hause.

Doch sagen Sie niemals nur »Heizmuseum«: Es gibt auch einen eigenen Bereich für Eis und Schnee. Hier erfährt man, wie die ersten »Eiskästen« zu Omas Zeiten funktioniert haben. Neben so viel Industrie gibt es auch Glamouröses wie Kostüme von »Holiday on Ice« zu bewundern. Manche Kinder dürfen danach gleich selbst in die Tiefkühltruhe greifen und sich zwischen Vanille, Erdbeere und Schokolade entscheiden.

Adresse Malfattigasse 4, 1120 Wien // **ÖPNV** U4, U6, Station Längenfeldgasse, U6, Station Niederhofstraße; Bus 12 A, Station Arndtstraße, Bus 59 A, 63 A, Station Hans-Mandl-Berufsschule // **Öffnungszeiten** Mo – Mi 9 – 12 und 13 – 16 Uhr, So 10 – 16 Uhr // ab 3 Jahre

28_DER HÖCHSTE EISLAUFPLATZ

Über den Dächern der Stadt

Nähert man sich von der Straße aus dem »Engelmann«, hört man schon die Melodien, die von oben zu kommen scheinen. Denn dieser Eislaufplatz ist nicht nur die älteste Kunsteisbahn der Welt, sondern befindet sich obendrein auf einem Dach!

»Durch Kunsteis zu Eiskunst« war das Motto des Erfinders Eduard Engelmann, der – anfangs belächelt – im Garten seines nahen Grundstücks durch Aufspritzen von Wasser den ersten künstlichen Eislaufplatz schuf. Sein Sohn wurde Konstrukteur der Kunsteisbahn, die auch wärmeren Temperaturen standhielt. Schon Weltmeister und Olympiasieger Karl Schäfer, erfolgreichster Eiskunstläufer aller Zeiten, wagte auf »Engelmann-Eis« waghalsige Sprünge. Seit 1974 befindet sich die Eisbahn auf dem Dach des Gebäudes und bietet perfekte Bedingungen, um die ersten Schritte auf dem Spiegelparkett zu wagen.

Wer keine eigenen Schlittschuhe hat, kann sie ausborgen. Für Kinder kann man im Shop gute gebrauchte Lederschuhe günstig kaufen und dann jedes Jahr gegen eine geringe Gebühr gegen größere umtauschen. Derart ausgerüstet, kann man hier von ausgezeichneten Trainern lernen, darunter eine Olympiateilnehmerin von 1964! Am Wochenende kommen bisweilen Rundtänzer, die eine lieb gewonnene Wiener Tradition ausüben, die sogar zum Weltkulturerbe ernannt wurde. In atemberaubender Geschwindigkeit drehen sie sich ineinander eingehängt am Eis. Für Teenager gibt es jeden Freitag von 19 bis 21.30 Uhr eine Eisdisco mit aktueller Musik. Hier werden sogar Musikwünsche entgegengenommen!

Adresse Syringgasse 6–14, 1170 Wien, Tel. 01/4051425, www.engelmann.co.at // **ÖPNV** U 6, Station Alser Straße; Straßenbahn 43, Station Palffygasse // **Öffnungszeiten** in der Saison Mo 9–18 Uhr, Di, Do und Fr 9–21.30 Uhr, Mi, Sa, So 9–19 Uhr // ab 3 Jahre

TIPP: Wer im März nicht mit dem Eislaufen aufhören will, wechselt mit Frühlingsbeginn einfach in die Wiener Eisstadthalle am Vogelweidplatz 15. Hier können auch Nichtprofis trotz schönstem Sommerwetter am Eis ihre Runden drehen.

29_ DIE HOLZSTEGE IM WU-CAMPUS

Lernen für jedes Alter

Vor zehn Jahren gab es hier nur die etwas baufällige Trabrennbahn und dazwischen die Wiesen und Bäume des angrenzenden »Grünen Praters«. Mittlerweile gibt es das neue Stadtviertel »Viertel Zwei«, und man fühlt sich eigentlich gar nicht wirklich wie in Wien. Einige Wohnhäuser erinnern an ein Feriendorf an der Adria; der Rest mutet aufgrund des vielen Holzes skandinavisch an.

Ein besonderer Architekturpark ist der Campus der Wirtschaftsuniversität Wien: Um das zentrale Bibliothekszentrum gruppieren sich fünf Gebäudekomplexe, die von internationalen Stararchitekten wie Zaha Hadid geplant wurden. Ganze 55.000 Quadratmeter sind allerdings als öffentlicher Freiraum konzipiert.

Betritt man den Campus von der Trabrennstraße aus, sieht man gleich die geschwungene Rampenlandschaft aus Holz. Es handelt sich um Stege, die leicht an- und absteigen, auf denen man laufen, sitzen oder träumen kann. Oder laufen lernen.

Neben schlichten, überhängenden Gebäuden von Zaha Hadid und Denkfabriken aus rotem Backstein hat man in dem autofreien Universitätsgelände auch so sehr an Kinder gedacht, dass es sich lohnt, diese auf einen Spaziergang mitzunehmen. Auf den Holzstegen können sie stundenlang herumrennen und -hüpfen, während man gleich daneben einen Kaffee trinkt. Sehr zu empfehlen: das Campus-Restaurant mit Bar und Kinderspielecke und dem besten Flammkuchen Wiens.

Adresse Eingang: Trabrennstraße 1, 1020 Wien // **ÖPNV** U 2, Station Krieau; Bus 82 A, Station Trabrennstraße // **Öffnungszeiten** rund um die Uhr // ab 2 Jahre

TIPP: Gegenüber dem WU-Campus, auf dem Plätzchen neben dem Billa, sprudelt in den Sommermonaten ein herrlicher Springbrunnen zum Durchlaufen.

30 _ DIE JAUSENSTATION LANDTMANN

Die Sandkiste mit Cocktailbar

Die Wiener, die sich in der Großstadt einen Privatgarten leisten können, sind gewiss in der Minderzahl. Gemütlich einen Sundowner trinken und die Füße in die Sonne halten, während das Kind gleich daneben behütet in der Sandkiste spielt … ein unerreichbarer Traum? Dann kennt man die Jausenstation Landtmann noch nicht. Etwas versteckt liegt sie hinter hohen Büschen im Schönbrunner Schlosspark nahe dem Meidlinger Tor.

Kinderwägen kann man auf den Kinderwagen-Parkplätzen abstellen – neben der Toilette gibt es einen Freiluft-Wickeltisch – und sich mit den Getränken direkt in den »Kinder-Garten« begeben. In diesem stehen rund um die beschattete Sandkiste bequeme Liegestühle und Abstelltische bereit. Der Garten ist umzäunt, sodass hier auch die Kleinsten in Sicherheit sind. Gleich daneben gibt es einen ähnlichen Garten – nur ohne Sandkiste – perfekt für Teenies. Der Retro-Charme des pastellfarbenen Mobiliars passt zum Lilienporzellan und zur Frittatensuppe im Riess-Topf und macht Kindheitserinnerungen lebendig. Neben dem obligatorischen, köstlich-flaumigen Kaiserschmarrn gibt es hier auch originelle Salate, Veganes, Detox-Wasser zum Ausbügeln der Sonnenfalten sowie original Osttiroler Schlipfkrapfen, sodass man sogar einen Ausflug in den Westen des Landes gleich hierher verlegen kann.

Adresse Schönbrunner Schlosspark, Kronprinzengarten, 1130 Wien, Eingang: Meidlinger Tor, danach circa 5 Minuten zu Fuß zwischen Lichter Allee und Finsterer Allee, Tel. 01/24100380, www.landtmann-jausenstation.at // ÖPNV U 4; Bus 10A, Station Schönbrunn // Öffnungszeiten Mo – Fr ab 10 Uhr, Sa ab 9 Uhr, immer jeweils bis 30 Minuten vor Schließung des Schlossparktores // ab 0 Jahre

31_DIE JESUITENWIESE IM PRATER

Grünauslauf mit Rodelhügel

Bei »Prater« denken die meisten an das bunte Vergnügungszentrum Wiens mit Zuckerwatte und Riesenrad. Viele Auswärtige wissen nicht, dass es neben diesem sogenannten »Wurstelprater« auch den »Grünen Prater« gibt, eine liebliche Auenlandschaft der Donau, deren Name sich vom lateinischen Wort für Wiese, »pratum«, herleitet und die einst Jagdgebiet der Habsburger war. Ein typisches Beispiel für die Auen- und Wiesenlandschaft des Praters ist die 112.000 Quadratmeter große Jesuitenwiese. Sie gehörte früher dem Jesuitenorden und wurde nach Aufhebung des Ordens 1773 vom Staat eingezogen.

Jetzt ist sie Wiens größter Spielplatz mit allem, was das Herz begehrt: Kleinkinder-, Kinder- und Jugendspielplatz, Seilbahn, Volleyballplatz, Freiluft-Turnsaal, Picknickwiese, Wasserspielplatz und Naturrefugium. Die Sandkiste der »Ranch« ist ohne Umrandung in die Wiese eingebettet. Gleich drei Trinkbrunnen sorgen dafür, dass man nicht ständig Getränke kaufen muss – wenn man dennoch etwas braucht, gibt es an der Ecke Rustenschacherallee/Rotundenallee aber auch einen kleinen Kiosk mit warmen Speisen und Eis. Im Prinzip kann man in der Früh mit der Straßenbahn hierherfahren, die Kinder ausladen und den Tag bis zum Sonnenuntergang auf der Wiese verbringen.

Großer Anziehungspunkt ist der Hügel, der aus den Trümmern der im Zweiten Weltkrieg zerbombten Häuser entstanden ist. Er trägt die große Schlangenrutsche; im Winter dient er als Rodelhügel.

Adresse Areal zwischen Rustenschacherallee und Rotundenallee, 1020 Wien // **ÖPNV** Straßenbahn 1, Station Prater Hauptallee; Bus 4A, 80A, Station Wittelsbachstraße // **Öffnungszeiten** rund um die Uhr // ab 0 Jahre

TIPP: Das nahe gelegene Stadionbad in der Meiereistraße 7 bietet an heißen Sommertagen mit seinem wenige Zentimeter hohen Bachlauf ein »Badebecken« für Kinder, die selbst für Babybecken noch zu klein sind.

32_DER JOSEFSTEG

Die Bretter, die Natur bedeuten

In den Morgen- und Abendstunden ist es auf dem Josefsteg fast magisch: Die Sonne streift die Baumwipfel, Schilf raschelt im Wind, und der Gesang der Vogelarten wird zum Duett mit dem Quaken der Frösche. Es gibt in der Millionenstadt Wien eine der letzten intakten Auenlandschaften Europas, ein streng geschütztes Naturparadies. Beinahe ein Viertel des Nationalparks Donau-Auen befindet sich innerhalb der Stadtgrenze und ist für Klein und Groß begehbar. Dies ist keine Selbstverständlichkeit: In den 80er Jahren drohte dem Naturparadies das Aus durch den Bau eines Kraftwerks. Dies wurde nur durch dramatische Proteste von Umweltschützern verhindert.

Wie weit man kommt, hängt von Jahreszeit, Alter und Fahrzeug ab. Autos sind nur für Förster erlaubt, mit Kinderwagen, Laufrad oder Fahrrad lässt sich das Gebiet prima erkunden. Stellt man sich auf eine kleine Wanderung ein, erreicht man nach ungefähr zehn Minuten ab dem Nationalparkhaus – den Wegweisern folgend – an der Dechantlacke den ersten Badeplatz. Müll bitte unbedingt einsammeln! Dafür ist legere Kleidung erlaubt oder gar keine – denn die Lobau steht auch für natürliche Freikörperkultur.

Schafft man es bis zum Josefsteg, wird man mit 135 Holzmetern mitten durchs Schilf belohnt. Er überbrückt einen trockengelegten Altarm der Donau, das Tischwasser. Junge Naturforscher planen einen Aufenthalt mit dem Fernglas ein: Mit Glück erspähen sie *Emys orbicularis* – die einzige in Europa natürlich vorkommende Sumpfschildkröte.

Adresse Nationalparkhaus: Dechantweg 8, 1220 Wien, dann den Wegweisern bis Josefsteg folgen // ÖPNV U 2, Station Donaustadtbrücke; Bus 92 B, Station Raffineriestraße, Biberhaufenweg; U 1, Station Kagran; Bus 93 A Naufahrtbrücke // Öffnungszeiten rund um die Uhr // ab 5 Jahre

33_DAS JÜDISCHE MUSEUM

In jeder Antwort eine neue Frage

Die Geschichte Wiens ist eng mit dem Judentum verknüpft. Zahlreiche Bauwerke wie das Schloss Schönbrunn oder die erste Eisenbahn wurden durch jüdische Mitbürger und deren Finanzierung erst möglich. Dennoch waren die Juden in ganz Mitteleuropa schrecklichen Verfolgungen ausgesetzt. Wo findet man Antworten auf Kinderfragen, die man vielleicht selbst nicht weiß? Das Jüdische Museum in der Dorotheergasse (es gibt auch einen Standort am Judenplatz 8) ist schon für Kleine interessant. Wenn man keine Führung bucht, kann man auch allein auf Erkundungstour gehen. Hilfreich sind die interaktiven (Audio-)Tools. Dabei sollte man bei den Schaukästen auf das Symbol einer Zeichnung mit zwei Kindern achten. Hier wird das jeweilige Thema im Dialog erarbeitet. Man kann beim Schaukasten über die berühmte Fotografin Margit Dobronyi beginnen, die mangels anderer Möglichkeiten nach ihrer Flucht aus Budapest alles und jeden fotografierte und so bekannt wurde. Kinder können sich etwa jüdische Kinder bei Festen auf den Fotos ansehen und dann versuchen, weitere Spuren ihres Lebens zu entdecken.

Auch Klezmermusik oder das hoch oben unter der Decke hängende Fahrrad »Victoria Blitz« faszinieren. Es gehörte Theodor Herzl, dem geistigen Gründer des Staates Israel. Ein Wiener Schriftsteller hat ihm das Radfahren beigebracht. Welcher (siehe Ort 56)?

Das zum Museum gehörende Café Eskeles bietet die Möglichkeit, vegetarische Speisen und köstliche Mehlspeisen zu kosten.

Adresse Dorotheergasse 11, 1010 Wien, www.jmw.at // **ÖPNV** U1, U3, Station Stephansplatz; Bus 2A, Station Habsburgergasse oder Plankengasse // **Öffnungszeiten** So–Fr 10–18 Uhr // ab 4 Jahre

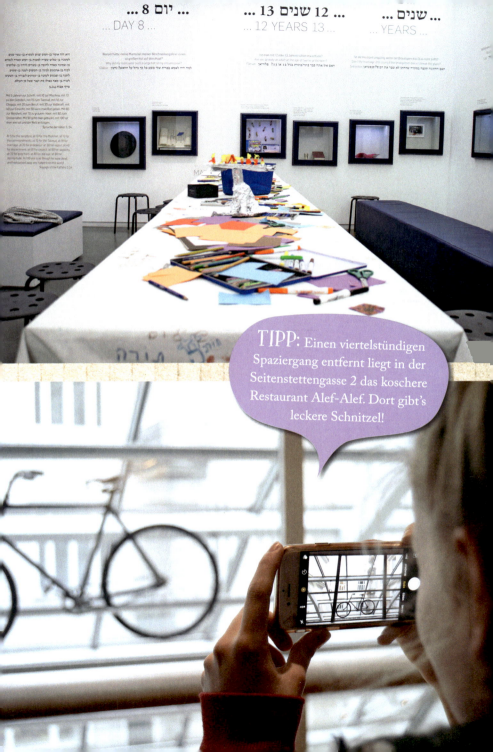

34_DER JÜNGSTE SEE DER STADT

Immer den Kränen nach

Man folgt einfach dem Kranballett. Nähert sich die U-Bahn auf Stelzen in einer Rechtskurve dem neuen Stadtteil Seestadt Aspern, sticht als Erstes der türkise, namensgebende See ins Auge.

Betrachtet man die plane Gegend, kann man sich gut vorstellen, dass sich hier bis in die 1950er Jahre der Wiener Flughafen befand. In diesem wehrhaften Gebiet wurde 1809 Napoleon zum ersten Mal geschlagen – vor einigen Jahrzehnten kämpfte die Stadtplanung für familienfreundlicheren Lebensraum. Mit der Seestadt ist ihr das ziemlich gelungen. Denn diese ist im innersten, autofreien Bereich eine einzige Relaxzone für Familien.

Wiens erste gemanagte Einkaufsstraße verspricht erfolgreiches Bummeln, skandinavisch anmutende Bauten spenden Schatten, Plätze und Treppchen laden gemeinsam mit gemütlichen Cafés zum Verweilen ein. Kinder erfahren hier auch anhand der Straßennamen viel Neues – die Straßen sind nach berühmten Frauen benannt.

Am besten erkundet man die Seestadt per U-Bahn oder Fahrrad, denn rund um sie liegen derzeit noch Äcker – auch wenn man hinter der letzten Häuserzeile das Meer vermutet. Ein Hauch von Sehnsucht nach der weiten Welt bleibt, doch auch daran wird gearbeitet: Da es Gleisverbindungen gibt, wird in ungefähr zwei Jahren die Nachbarhauptstadt Bratislava nur etwa eine halbe Stunde entfernt sein. Jetzt liegt hier immerhin Wiens jüngster See. Bade-Infrastruktur sucht man hier vergebens, doch ist das Schwimmen gestattet.

Adresse Seestadt, 1220 Wien // **ÖPNV** U 2; Bus 84 A, 88 A, 88B, Station Seestadt // **Öffnungszeiten** rund um die Uhr // ab 0 Jahre

TIPP: Als Reminiszenz an alte Flughafenzeiten gibt es in der nahen Pilotengasse nach der Ecke Josef-Frank-Gasse einen Pilotenspielplatz mit Spielflugzeug.

35_DAS KAISERLICHE RINGELSPIEL

Ein Königreich für ein Pferd

Sie heißen Gitti, Norbert und Hans, sind blitzblanke Schimmel und wurden angeblich schon von Kaiser Franz Josef geritten: die Springpferde des Karussells der Familie Hrabalek im Böhmischen Prater. Sie heißen so, weil ein revolutionärer Federmechanismus sie richtig springen ließ. Wer nach Lektüre dieses Buches den Grünen Prater und den Wurstelprater kennt, darf sich freuen, denn es gibt noch einen dritten. Der Böhmische Prater diente einst als Freizeitpark für die Familien der ärmeren Ziegelarbeiter aus Böhmen, die hier in Wien-Favoriten schwere Arbeit leisteten und kein Geld für eine Fahrt in den echten Prater hatten.

So wie im gesamten Böhmischen Prater scheint auch hier die Zeit stillzustehen. Das 1890 erbaute Karussell wirkt wie eine lebendige Illustration aus einem Kinderbuch. Ursprünglich wurde es von Hand durch Personal im Keller des Ringelspiels gedreht. Um 1900 wurde ein Benzinmotor für den Antrieb des Ringelspiels und der Orgel eingebaut, welcher 1920 durch einen Elektromotor ersetzt wurde. Die Grundsubstanz der Orgel stammt aus den 1920er Jahren. Während des Zweiten Weltkriegs durch Bombentreffer schwer zerstört, wurde es nach dem Krieg wieder instand gesetzt – die Pferde sind im Original erhalten. Wer keine Pferde mag, kann mit einer Tram, einer Kutsche, einem Feuerwehr- oder Polizeiauto oder einem Motorrad fahren.

Das Karussell der Familie Hrabalek wurde in den 1980er Jahren unter Denkmalschutz gestellt.

> **TIPP:** Wem auch der Böhmische Prater zu laut ist, der findet Erholung und zwei klassische Spielplätze im umliegenden Wald- und Wiesengebiet des Laaer Berges.

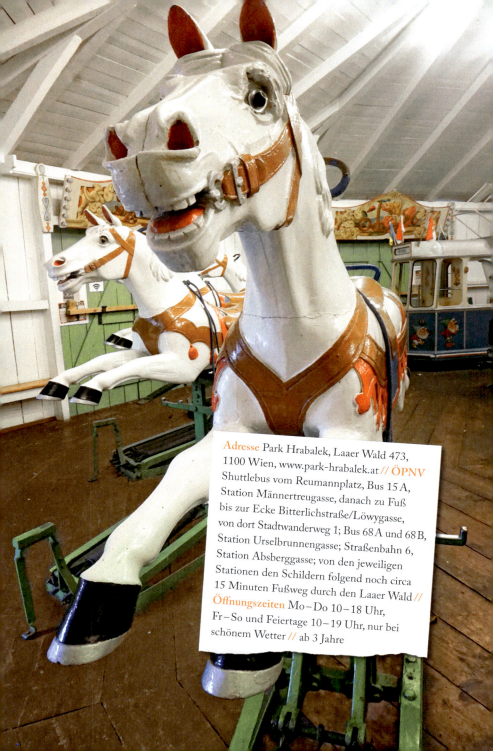

Adresse Park Hrabalek, Laaer Wald 473, 1100 Wien, www.park-hrabalek.at // **ÖPNV** Shuttlebus vom Reumannplatz, Bus 15 A, Station Männertreugasse, danach zu Fuß bis zur Ecke Bitterlichstraße/Löwygasse, von dort Stadtwanderweg 1; Bus 68 A und 68 B, Station Urselbrunnengasse; Straßenbahn 6, Station Absberggasse; von den jeweiligen Stationen den Schildern folgend noch circa 15 Minuten Fußweg durch den Laaer Wald // **Öffnungszeiten** Mo–Do 10–18 Uhr, Fr–So und Feiertage 10–19 Uhr, nur bei schönem Wetter // ab 3 Jahre

36_DAS KASPERL-THEATER IN DER URANIA

Krawuzikapuzi!

»Kinder – seid ihr alle da?« Ein schallendes »Jaaa!« folgt darauf seit Generationen, sowohl »in echt« als auch in früheren Fernsehübertragungen des berühmten Wiener Kasperltheaters. In der Sternwarte Urania angesiedelt, begeistern »Kasperl« und »Pezi« nun schon seit Jahrzehnten die Kinder.

Dieses Kindertheater war seit der ersten Vorstellung 1950 das bestbesuchte Theater Österreichs. Den Höhepunkt der Besucherzahlen erreichte es Ende der 1990er Jahre. Damals wurden von Oktober bis April in jedem Monat an 16 Tagen 32 Vorstellungen gespielt. Auch heute ist eine frühe Kartenreservierung angeraten!

Zu Beginn des Jahres 2018 gab es einen großen Schreck, vergleichbar mit dem Auftauchen des bösen Krokodils, welches in fast jeder Geschichte vorkommt. Das Kasperltheater sollte geschlossen werden, da der langjährige Besitzer in Pension ging! Das konnte und durfte nicht sein, und so setzten sich Politiker und Künstler, Elterninitiativen und Freunde des Kasperltheaters vehement dafür ein, dass es erhalten bleiben möge.

Mit dem berühmten Künstler und Kulturmanager André Heller wurde schließlich ein würdiger Nachfolger gefunden. Säßen wir live vor der Bühne, könnten wir sagen: Kasperl war erfolgreich, das Krokodil ist besiegt, die Prinzessin gerettet. Da sagen wir doch glatt: »Krawuzikapuzi!«

Adresse Uraniastraße 1, 1010 Wien, Tel. 01/7143659, www.kasperlundpezi.at // **ÖPNV** U 1, U 4, Station Schwedenplatz; Straßenbahn 1, 2, Station Julius-Raab-Platz // **Öffnungszeiten** Spielplan siehe Homepage // ab 3 Jahre

TIPP: Schöne Kasperlpuppen wie auch Holzspielzeug gibt's im Spielwarengeschäft Pinocchio in der Augustinerstraße 7. In der warmen Jahreszeit sitzt dort ein lebensgroßer Pinocchio auf einer Bank vor der Tür.

37_DER KINDERBEREICH DER THERME

Ganz auf der Thermenlinie

Schwimmen mit ganz kleinen Kindern ist manchmal nicht so einfach: Sie möchten pritscheln, dürfen aber nicht ins Wasser fallen, ihnen ist meist nicht so kalt wie den Betreuungspersonen, und dann geht das Ganze üblicherweise auch nur im Sommer. Große Thermalbecken sind oft noch nichts für sie, und wenn sie für Kleinkinder geeignet sind, dann erfreuen sich die Erwachsenen weniger an tropfenden Schwimmwindeln.

In Wien gibt's da zum Glück eine tolle Ganzjahresmöglichkeit auch für die Allerkleinsten: Der Kinderbereich der Therme Wien ist perfekt für Kleinkinder geeignet. Neben dem maximal 30 Zentimeter tiefen Becken gibt es eine große Fläche mit Spritzdüsen, aus denen in regelmäßigen Abständen Wasser kommt. Kinder können experimentieren, durch Fontänen laufen oder Wasserdüsen zuhalten – für die Eltern ist eine Pause in den umliegenden Liegestühlen garantiert.

Wem kalt wird, der geht einfach wieder in die warme Halle. Auch dort gibt es ein Kleinkinderareal mit einem 30 Zentimeter tiefen Becken sowie Familiennester, wo sich Eltern mit ihren Kindern in einen eigenen Liegebereich mit Spielmöglichkeiten zurückziehen können. Seit Kurzem ist im Thermenrestaurant ein eigener Familienbereich zu finden! Größere Geschwister können sich auf die Suche nach Attraktionen wie der Rutsche machen. Seit 2017 fährt die U1 in rekordverdächtigen 15 Minuten vom Stephansplatz direkt in die Therme!

TIPP: Nach dem Schwimmen empfiehlt sich ein Besuch im »Flagship-Store« der Kurkonditorei Oberlaa direkt vor der Therme.

Adresse Kurbadstraße 14, 1100 Wien, Tel. 01/68009, www.thermewien.at // **ÖPNV** U 1, Bus 17 A, 68 B, 70 A, Station Oberlaa // **Öffnungszeiten** täglich, siehe Homepage // ab 0 Jahre

38_ DAS KINDERCAFÉ NOLA

Für alle etwas in Simmering

Ein Café für Eltern mit Kindern aller Altersstufen, in dem man nicht wie in einem Indoorspielplatz sitzt – gibt es das in Wien? Wo sich früher das Mautner Markhof'sche Kinderspital um die Kleinen kümmerte, befindet sich jetzt in einer modernen Wohnhausanlage das kinderfreundliche Café Nola – besucht von Menschen aller Generationen. Schulkinder sitzen bei Schokomuffins, im großen Korbsessel stillt eine junge Mutter ihr Baby, legt es dann in die Korbschaukel, die von der Decke hängt, und genießt eine Tasse Tee. Der Tisch nahe dem Spielbereich ist für einen Kindergeburtstag reserviert. Von warmen Getränken, auf Wunsch natürlich auch koffeinfrei oder mit veganer Milch, bis hin zu vegetarischem Essen oder sogar einem Schmalzbrot, das auf die ungarische Herkunft der Gründerfamilie hindeutet – hier kann man haben, was das Herz begehrt.

Und auch in Ess- und Trinkpausen muss sich niemand langweilen. Kinder im Schulalter finden eine hauseigene Bibliothek, in der warmen Jahreszeit können sie auf dem großen, autofreien Platz mit Kletterwand vor dem Café herumtoben. Dann sind auch draußen Tische aufgestellt, sogar ein ultraniedriger Spezialplatz für die kleinen Besucher.

Die unmittelbare Umgebung rund um die Mautner-Markhof-Gasse (erreichbar über Toscaweg) besticht durch Industriecharme der Jahrhundertwende, befanden sich doch an Simmerings eindrucksvoller Geländekante zwischen der nahe gelegenen S-Bahn-Trasse und der Rappachgasse immer schon viele Fabriken. Geschäfte gibt's auf der anderen Seite.

Adresse Franz-Haas-Platz 5, 1110 Wien // **ÖPNV** U3, Bus 6, 71, 76A, 76B, Station Enkplatz // **Öffnungszeiten** Mo–Sa 9.30 –19 Uhr, So 10.30–19 Uhr // ab 0 Jahre

39_DER KINDERPARK IM STADTPARK

Spielen wie Johann Strauß

Steht man vor dem Eingang zum Stadtpark neben der gleichnamigen U-4-Station, sieht man auf der rechten Säule das Wort »Kinderpark« – denn als solcher war der schattigere Teil des heutigen Stadtparks auf der rechten Seite des Wienflusses gedacht.

Der Stadtpark wurde im Zuge des Ringstraßenbaus 1863 auf dem ehemaligen »Glacis«, einer freien Fläche vor der Stadtmauer, angelegt und war ein Geschenk des Kaisers an die Bevölkerung. Bis dahin hatten die Wiener gar keine eigene Grünanlage, sie waren in Kaiserlichen Gärten nur geduldet worden.

Heute wimmelt es hier von Kindern, und das ist auch gut so. Während der linke Teil, mit dem rechten durch die Karolinenbrücke verbunden, eher für betuliches Promenieren angelegt wurde und die Statue des berühmten Walzerkomponisten Johann Strauß beherbergt, bietet der »Kinderpark« viele Möglichkeiten zum Toben. Es gibt mehrere Spielplätze, Ballkäfige, eine Skaterbahn und eine Fußballwiese. Auffällig sind die bunten Stoffbahnen davor. Hierbei handelt es sich keinesfalls um ein Spielgerät, sondern um die Kunstinstallation »Stage Set« des Künstlers Donald Judd, welche 1995 der Stadt Wien geschenkt wurde und sich seit 1996 im Wiener Stadtpark befindet.

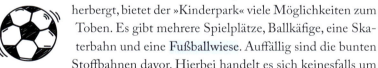

Eltern freuen sich über den ganzjährig parkenden Espressowagen und eine blitzsaubere, bewachte Hightech-Toilette, für die man allerdings 50 Cent dabeihaben muss.

Adresse Parkring 1, 1010 Wien // **ÖPNV** U 4, Station Stadtpark, U 3, Station Wien Mitte oder Stubentor; Bus 74 A; Straßenbahn 2, Station Stubentor // **Öffnungszeiten** rund um die Uhr // ab 1 Jahr

40_ DER KLEINSTE TRAMPOLINSPIELPLATZ WIENS

Hüpfen am Spittelberg

Die romantischen Gässchen rund um den Spittelberg waren ursprünglich wirklich nichts für Kinder. Wo allwinterlich Wiens schönster Weihnachtsmarkt stattfindet und Erzeugnisse traditionellen Kunsthandwerks feilgeboten werden, lag noch bis in die Mitte des 20. Jahrhunderts eher ein Rabaukenviertel Wiens mit finsteren Gaststätten und Rotlicht. Gaststätten gibt es hier zwar bis heute, aber nur noch gepflegte und familienfreundliche. Dieser ruhige Teil des 7. Wiener Gemeindebezirkes ist gerade für Familien und Ruhesuchende ein Anziehungspunkt. Das alte Kopfsteinpflaster strahlt in den Sommermonaten eine angenehme Kühle aus, man kann in ruhigen Gastgärten sitzen und sich wie in einer mediterranen Altstadt fühlen.

Sehr nett ist, dass im Zuge einer Neugestaltung auch an Kinder gedacht wurde. Diese finden zwischen Stift- und Schrankgasse einen Spielplatz vor, der wohl zu den kleinsten Wiens gehört. Man entdeckt ihn erst auf den zweiten Blick, er besteht fast nur aus einer Sandkiste und einem Gerät, das die Autorin auf den ersten Blick gar nicht zuordnen konnte. Betritt man es jedoch, merkt man, dass die schwarze Gummimatte ein ganz famoses Trampolin ist. Hüpfen macht nicht nur Kindern Spaß – es ist auch gut für die Knochen von Jung und Alt, sodass man es sogar Eltern und Großeltern empfehlen kann!

TIPP: Im Café »dasmöbel« in der Burggasse 10 kann man auf ganz unterschiedlich designten Möbelstücken sitzen und diese bei Bedarf auch kaufen.

Adresse zwischen Schrank- und Stiftgasse, gegenüber Schrankgasse 14–16, 1070 Wien // **ÖPNV** Straßenbahn 49, Station Stiftgasse; Bus 48 A, Station Sankt-Ulrichs-Platz // **Öffnungszeiten** rund um die Uhr // ab 3 Jahre

41_ DER KLETTERBAUM IM WALDMÜLLERPARK

Das morbide Wien, ganz harmlos

Wienern wird ja eine besonders liebevolle Aufmerksamkeit allen im Jenseits Weilenden gegenüber nachgesagt. Kinder verstehen das oft. Spannend ist für sie ein Park, der immerhin auf einem ehemaligen Friedhof angelegt ist.

Der Waldmüllerpark liegt in einer Gegend, die am ehesten als »entrisch« bezeichnet werden kann und sowohl von Zügen als auch einer viel befahrenen Straße begrenzt wird. Doch hat man den Tunnel unter den Bahngleisen erst durchquert oder nähert sich von der anderen Seite, öffnet sich an der Landgutgasse ein wildromantisches Kleinod, in dem Kinder für den Weg mit zwei großen Spielplätzen belohnt werden. Auf dem mit der Seilbahn steht ein riesiger Kletterbaum. Schon allein dieser ist definitiv einen Besuch wert. Kleinkinder können in seiner Verzweigung prima Verstecken spielen, seine Krone beschattet den gesamten Platz.

Der Matzleinsdorfer Friedhof, auf dem dieser Park angelegt wurde, wurde 1922 geschlossen. Das Entree und der alte Baumbestand deuten noch darauf hin. Benannt ist der Park nach dem berühmtesten hier Begrabenen, dem österreichischen Maler Ferdinand Georg Waldmüller. Dieser ist für Biedermeier-Idyllen bekannt, doch porträtierte er auch Kinder in bitterer Armut.

Überreste der alten Gräber sind, durch einen Zaun sichtbar, in einem »Gräberhain« zusammengefasst und nur auf Anfrage bei der Stadt Wien zu besichtigen.

Adresse Eingang Landgutgasse 61, 1100 Wien // **ÖPNV** Straßenbahn 1, 18, 62, Station Kliebergasse // **Öffnungszeiten** rund um die Uhr // ab 3 Jahre

TIPP: Wer Gefallen am Klettern gefunden hat, kann sich auch ohne Voranmeldung in der Boulderhalle Boulderbar in der Hannovergasse 21 versuchen.

42_ DIE KLETTER-HALLE WIEN

Die höchste in ganz Österreich

Die Donaustadt ist der flachste Bezirk Wiens. Ganz ohne Berge geht's dort aber auch nicht, und so gibt es mitten im Industriegelände von Stadlau die größte Kletterhalle des Landes.

Kaum hat man sie betreten, ist man ziemlich überwältigt. Die Menschen, die in einer Höhe von bis zu 16 Metern herumklettern, wirken vom Boden aus wie kleine Äffchen. Die Haltegriffe, die bestimmte Routen kennzeichnen, erzeugen ein Farbenmeer. Kinder können hier schon sehr früh gesichert Höhenluft schnuppern. Zuerst muss man sich anmelden, online oder an der Kassa. Dann kann man mit den Eltern auch ohne Termin schon ein wenig ausprobieren, zum richtigen Seilklettern muss man allerdings vorher einen Kurs besuchen. Die Ausrüstung kann ausgeborgt werden. Für ganz Kleine gibt es im ersten Stock der Halle einen »Einsteigerspielplatz« mit einer erkletterbaren Rutsche. Slacklines, also dünne Bänder zum »Seiltanzen«, stehen im großen Outdoor-Bereich zur Verfügung, wo es auch verschiedene bekletterbare Steine und andere Übungsgeräte gibt. Größere beginnen drinnen und draußen erst mal mit »Bouldern«. Darunter versteht man ein freies Klettern in niedriger Höhe mit einer weichen Matte darunter. Ganz Mutige können in der Kletterhalle sogar ihre Freunde einladen und Geburtstag feiern!

Bei großem Hunger danach stärkt man sich am besten im Bistro Up-Café im ersten Stock der Halle mit Wiens bester Gemüsesuppe, die ganz frisch ist und nicht aus der Dose kommt!

Adresse Erzherzog-Karl-Straße 108, 1220 Wien, www.kletterhallewien.at, Tel. 01/89046660 // ÖPNV Straßenbahn 25; Bus 26 A, Station Polgarstraße; S-Bahn S 80, Station Erzherzog-Karl-Straße // Öffnungszeiten täglich 9–23 Uhr (Halle), Mo–Fr 10–17 Uhr (Büro) // ab 5 Jahre

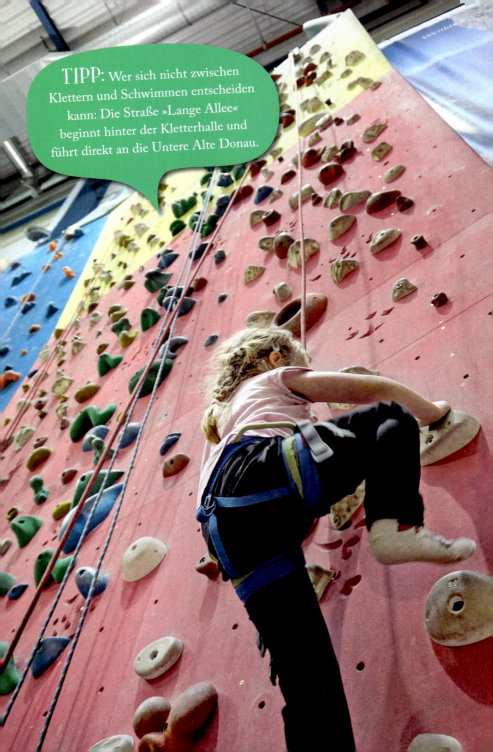

43_DIE KÖSTLICHSTEN PUNSCHKRAPFEN

Punschgenuss in der Konditorei Hübler

Sie sind rosa wie der Einband dieses Buches, duften süß und befördern so manchen Koster in den siebten Himmel. Und sie sind eine typisch österreichische Spezialität. Punschkrapfen, die nichts mit den herausgebackenen Krapfen zu tun haben, sind ursprünglich als Resteverwertungsdessert entstanden. Dass dabei die besten Kreationen herauskommen, muss man Kindern nicht extra erklären.

Es handelt sich um Würfel aus Biskuit, die mit einer Masse aus Marmelade, Schokolade, Punsch oder Rum (oder einfach nur deren Aroma) gefüllt und mit einer speziellen rosa Glasur überzogen sind, die man hierzulande als »Punschglasur« kaufen kann. In der Konditorei Hübler gibt es sie auf Anfrage und gegen Vorbestellung natürlich auch alkoholfrei.

Die Punschkrapfen sehen noch genauso aus wie früher: blassrosa überzogen, mit einer Cocktailkirsche garniert, aus weichem Biskuit und sehr saftig gefüllt. Außer Punschkrapfen finden Kinder in der riesigen Auswahl bestimmt auch etwas anderes. Aufgrund der frühen Öffnungszeiten kann man hier hervorragend frühstücken.

Seit den 1950er Jahren gibt es die Konditorei in Hernals, die in ihrer Geschichte aufgrund der großen Nachfrage mehrmals erweitert werden musste. Nähert man sich aus den umliegenden Gassen, kann es sein, dass man zu Backzeiten den Kuchen früher riecht, als man ihn findet.

TIPP: Wer sich nicht in die Konditorei setzen möchte, kauft etwas »zum Mitnehmen« und setzt sich in den Lorenz-Bayer-Park mit Spielplatz gleich vor der Haustür.

Adresse Lorenz-Bayer-Platz 19, 1170 Wien, Tel. 01/4864640 // **ÖPNV** Straßenbahn 2, 9, 44, Station Johann-Nepomuk-Berger-Platz // **Öffnungszeiten** Mo–Sa 7–19 Uhr, So 8–19 Uhr // ab 0 Jahre

44_DER KRUMMSTE BAUM DER STADT

Hinter der »Lichten Allee« von Schönbrunn

Kinder entdecken ja immer das Besondere. Das UNESCO-Weltkulturerbe des Schlossparks Schönbrunn mag ihnen nicht so wichtig sein – dafür gibt es dort den krummsten Baum Wiens.

Das Gelände, in dessen Areal der deutsch-römische Kaiser Maximilian II. bereits im 16. Jahrhundert gern exotische Tiere jagte, hieß früher »Katterburg« und diente schon im Mittelalter als Lust- und Weingarten. Im Jahr 1605 wurde er von den Ungarn zerstört. Wie hätten diese auch wissen sollen, dass dies später die Hauptresidenz der Ungarn-Liebhaberin Kaiserin Sisi werden sollte? Danach wurde das Gelände von Kaiser Matthias zum Jagen aufgesucht. Bei einem seiner Jagdausflüge entdeckte er jene »schöne Quelle«, die dem Park und dem ganzen Gebiet den Namen gab. Die Quelle findet man nicht mehr, dafür den krummsten Baum – nach alter Tradition auch ein Exot.

Um ihn zu finden, gehen Sie vom Hietzinger Tor die große, laut Stadtplan »Finstere Allee« geradeaus und biegen bei der ersten Kreuzung nach links in die Kastenienallee. Sie gehen an der Liegewiese vorbei, überqueren die breite »Lichte Allee« und halten sich Richtung Zaun. Rechts gelangen Sie auf einen kreisförmigen Weg, dem Sie, noch in Richtung Zaun, folgen. Dort, wo das Rondeau wieder in einen geraden Weg übergeht, sehen Sie den krummen Baum. Es handelt sich um die Kaskaden- oder Zierkirsche *Prunus serrulata*, die wahrscheinlich aus China stammt und im Frühjahr ganz besonders hübsch anzusehen ist. Im Herbst sind ihre Blätter wunderschön golden.

Adresse Hietzinger Hauptstraße 1, 1130 Wien; im ersten Drittel der Hietzinger Allee, am Zaun zur Schönbrunner Schloßstrasse // ÖPNV U 4; Straßenbahn 10, 60; Bus 51 A, 56 A, 56 B, 58 A, Station Hietzing // Öffnungszeiten Haupttor Schlosspark Schönbrunn (Hietzinger Tor): Nov.–Feb. 6.30–17.30 Uhr, März, Sept., Okt. 6.30–19 Uhr, April, Aug. 6.30–20 Uhr, Mai, Juni, Juli 6.30–21 Uhr // ab 0 Jahre

45_DAS LANDGUT WIEN COBENZL

Hoch hinaus mit Ziege, Schwein und Hase

Schon der Ausgangspunkt zur Fahrt auf den Bauernhof ist einen Blick wert. Man wartet hier hinter dem mit 1.200 Metern längsten Gemeindebau Wiens, dem rosaroten Karl-Marx-Hof, der in den 1920er Jahren den Grundstein für sozialen Wohnbau legte. Die Busfahrt bringt einen durch den schönen ehemaligen Weinbau-Vorort Grinzing. Dann folgt eine Fahrt auf der romantischen Höhenstraße, die in mehreren abenteuerlichen Serpentinen bis zum schönsten Aussichtsplatz Wiens führt: dem Cobenzl. Nur ein paar Schritte von hier entfernt befindet sich ein wahres Paradies für tierliebende Kinder: der Kinderbauernhof Landgut Wien Cobenzl.

Hier gibt es Schafe, Ziegen, Schweine, Kaninchen, Enten, Gänse und noch allerlei Getier, und abgesehen von den Außengehegen gibt es auch in jeden Stall einen Eingang, durch den man die Tiere drinnen betrachten kann. Man darf die Tiere füttern und streicheln und Jungtiere beobachten. Es werden Spezialführungen angeboten wie beispielsweise zur Schafschur im Frühling, außerdem Ferienwochen, Keksebacken im Advent, und natürlich können Tierfans auf dem Bauernhof auch ihren Geburtstag feiern.

An einem künstlichen Euter lässt sich das Melken üben. Will man echte Kühe sehen, muss man auf die Natur-Erlebniswiese schräg gegenüber. Hier genießt man einen traumhaften Blick über Wien, während man über Singvögel oder Kräuter informiert wird. Im Rahmen einer Führung kann man sogar einen Bienenstock besichtigen.

TIPP: In der Nähe des Kinderbauernhofs liegen der Schmetterlingspfad am Cobenzl sowie das kinderfreundliche Restaurant Waldgrill Cobenzl.

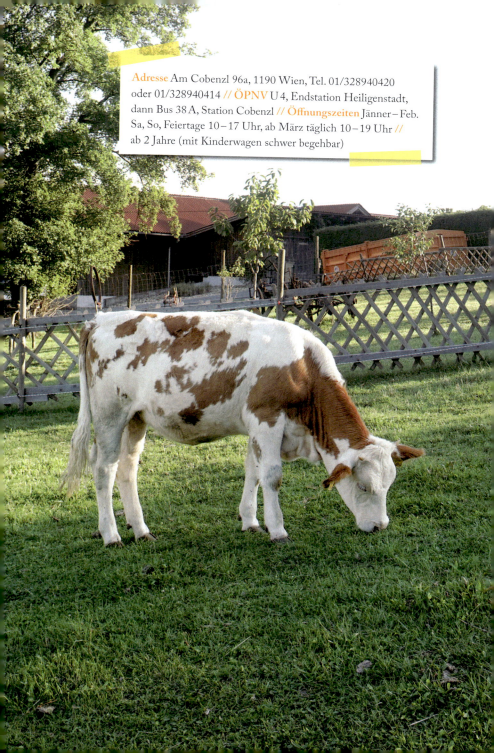

Adresse Am Cobenzl 96a, 1190 Wien, Tel. 01/328940420 oder 01/328940414 // **ÖPNV** U 4, Endstation Heiligenstadt, dann Bus 38 A, Station Cobenzl // **Öffnungszeiten** Jänner – Feb. Sa, So, Feiertage 10 – 17 Uhr, ab März täglich 10 – 19 Uhr // ab 2 Jahre (mit Kinderwagen schwer begehbar)

46_ DIE LÄNGSTE ROLLTREPPE DER STADT

Bewegt in die Tiefe

Die längste Rolltreppe Wiens findet man in der U-Bahn-Station Zippererstraße. Sie ist wie der Bezirk, den sie erschließt, eine junge. Simmering, der 11. Wiener Bezirk, wurde erst Ende des 19. Jahrhunderts eingemeindet. Davor gehörte der noch manchmal ländliche, durch Einfamilienhäuser, Gemüsekulturen, Entsorgungsbetriebe und einen Hafen geprägte Bezirk zu Niederösterreich. Die U-Bahn hat Simmering im Jahr 2000 erreicht.

Ein Kinderzeichenwettbewerb, dessen Teilnehmer auf Fotos in der U-Bahn-Station prangen, sollte die Station zur farbenfrohsten Haltestelle Wiens machen. 378 Zeichnungen entsprachen den Wettbewerbskriterien; das Künstlerhonorar – damals eine Dreiviertelmillion Schilling – wurde an das SOS-Kinderdorf vergeben. 20 Zeichnungen wurden schließlich zur farbenfrohen Wandverzierung ausgewählt.

Die längste Rolltreppe im Wiener U-Bahn-Netz ist 53 Meter lang, somit mehr als dreimal so lang wie die längste in Berlin. Sie überwindet einen Höhenunterschied von 17 Metern. Die U3 fährt von hier bis zu den Stationen Simmering beziehungsweise Ottakring. Die Strecke verkehrt zu 96 Prozent unterirdisch und hat 21 Stationen; eine Fahrt vom Anfang bis zum Ende dauert rund 25 Minuten.

Zur Finanzierung des U-Bahn-Baus wurde von der Stadt übrigens eine Dienstgeberabgabe eingeführt, die heute noch eingehoben wird und umgangssprachlich als U-Bahn-Steuer bezeichnet wird.

Adresse Simmeringer Hauptstraße 55, 1110 Wien // **ÖPNV** U3, Station Zippererstraße // **Öffnungszeiten** rund um die Uhr zugänglich // ab 3 Jahre

47_ DIE LAUSERPAUSE

Das Kindercafé am Nordpol

Ist man mit kleinen Kindern unterwegs, braucht man Lokale, die Café, Spielraum und Wickelzimmer gleichzeitig sind. Sie sollen ständig geöffnet sein, saubere Sanitäranlagen bieten und möglichst barrierefrei sein. Erstaunlich, dass es davon immer noch nicht sehr viele gibt. Eines der besten ist das Kindercafé Lauserpause gleich hinter dem schönen Augarten. Schon beim Betreten duftet es nach Chai Latte. Auch im Winter stolpert man nicht über ein Kinderwagen-Jacken-Konvolut, denn es gibt einen eigenen Kinderwagenraum und Platz für die Garderobe. Überhaupt geht es hier sehr entspannt zu, obwohl mindestens 20 Kinder herumwuseln, die aber auch gut beschäftigt sind.

Im Erdgeschoss befindet sich auf zwei Etagen ein mit Netzen gesicherter Indoorspielplatz mit Rutsche. Es gibt Sitzgelegenheiten in Kinder- und Erwachsenenhöhe, eine gemütliche Couch und Teppiche. Direkt neben plaudernden Erwachsenen können sich Kleinkinder in Greifweite im Bällebad vergnügen.

Vom Hauptraum führt eine Treppe mit bunt bemaltem Gitter zu einem noch größeren Spielraum hinunter. Dieser besticht durch eine Märchenburg. Wer sehr müde ist, kann in einem Zelt ein Schläfchen machen. Zudem kann der Raum für Kinderpartys gemietet werden.

Gegründet hat das Kindercafé ein Elternpaar von zwei Kindern, das genau wusste, was ihm fehlte. Für andere Eltern bieten die beiden jetzt ein großes Teesortiment, aber auch ein gutes Glas Wein von österreichischen Winzern an. Damit alle Lauser einmal Pause machen können.

Adresse Nordpolstraße 4, 1020 Wien, Tel. 0677/72755148, www.lauserpause.at // **ÖPNV** Straßenbahn 2, 5, Station Am Tabor // **Öffnungszeiten** Mo–So 10–18 Uhr // ab 0 Jahre

48_ DIE LUSTIGSTEN VOGELHÄUSER
Warten auf Vögel

Für Kinder ist es oft schade, dass die Dinge immer einen Zweck haben müssen. Sie könnten sich an Straßenschildern und dergleichen nur wegen ihrer Buntheit erfreuen, während »offizielle« Kunstwerke oft zu groß, zu hoch, zu schwer zugänglich für sie sind. Im Landstraßer Rochusviertel gibt es ein Kunstwerk, das sie faszinieren wird.

»Warten auf Vögel« – so heißen die Kunstinstallationen des burgenländischen Künstlers Josef Bernhardt. Überdimensionierte Nistkästen stehen einzeln, entlang einer Straße oder in einer kleinen Gruppe beisammen. Die Kunstinstallation thematisiert den Umgang des Menschen mit der Natur und besteht aus zwei Ebenen: Einerseits können Kleinvögel wie Meisen im Nistkasten brüten, somit kann der Nachwuchs aufgezogen werden. Die zweite Ebene nimmt Bezug auf den Verlust der Natur, vor allem in der Stadt.

In den Agrarlandschaften Europas haben die heimischen Brutvogelarten seit 1980 um die Hälfte abgenommen. Derzeit ist jede achte Vogelart vom Aussterben bedroht. Das Kunstwerk stellt die Hoffnung dar, dass der Mensch wieder verantwortungsvoller mit der Natur umgeht. Diese ist anpassungsfähiger als wir; vielleicht kommt also doch irgendwann ein Vogel vorbei?

Im Gegensatz zu Vorgängerprojekten des Künstlers, zu denen auch ein begehbarer Nistkasten im Budapester Ludwig-Museum gehört, ist hier ein permanenter Standort entstanden. Witzig ist die Perspektive mit den ähnlichen, streng rechteckig angeordneten Fenstern des Hauses im Hintergrund.

Adresse Ecke Kundmanngasse/Erdbergstraße, 1030 Wien // **ÖPNV** U 3; Bus 4 A, 74 A, Station Rochusgasse // **Öffnungszeiten** rund um die Uhr // ab 3 Jahre

TIPP: Auf gute ungarische Süßspeisen kann man in der Konditorei Szamos, gleich um die Ecke in der Landstraßer Hauptstraße 72, warten, beispielsweise auf einen echten Krémes (sprich: Kreemesch).

49_DER MARCHFELD-KANALRADWEG

Mit dem Drahtesel ins Gemüse

Eigentlich könnte man von Wien bis an die Ostsee radeln. Denn der Fernradweg Euro Velo 9 »benutzt«, von der Adria kommend, für ein paar Kilometer den Wiener Teil des Marchfeldkanalradweges. Bleibt man hingegen letzterem treu, könnte man bis zu Prinz Eugens Marchfeldschlössern und nach Bratislava vordringen. Mit Kindern ist dies an einem Tag schwierig, deshalb empfiehlt es sich, auf der Donauinsel zu starten und von hier aus eine gemütliche Runde bis nach Stammersdorf zu fahren – ein Naturerlebnis mit ruralem Vorstadtcharme. Der Marchfeldkanal wurde in den 90er Jahren gebaut, da der »Gemüsegarten« Österreichs, in dem auch für den berühmten »Käpt'n Iglo« angebaut wird, auszutrocknen drohte.

Am besten startet man von der U-6-Station »Neue Donau« und fährt auf der Floridsdorfer Seite der Neuen Donau zweieinhalb Kilometer flussaufwärts in Richtung Norden. Einen Kilometer nach der Nordbrücke biegt man rechts in die Teslagasse ein, von hier an ist der Radweg ausgeschildert. Am Marchfeldkanal folgt man den Pfeilen in Richtung Stammersdorf. Vor der Brünner Straße verlässt man den Euro Velo 9. Nun fährt man ein ganzes Stück durch Felder. Bei der Mariensäule biegt man links ab und gelangt so zur schönen Krottenhofgasse. Möchte man danach nicht mehr weit fahren, kann man von der S-Bahn-Station Strebersdorf wieder in die Stadt brausen.

Adresse Ausgangspunkt: U-6-Station Neue Donau, 1210 Wien // **ÖPNV** U 6; Schnellbahn S 1, S 2, S 7, Station Handelskai, www.wien.at/stadtplan (am Menü links bei »Karteninhalt« Radwege dazuschalten) // **Öffnungszeiten** rund um die Uhr // ab 4 Jahre

50 _ DAS MINI MOBIL

Der interessanteste Indoorspielplatz

Es gibt viele Indoorspielplätze in Wien. Besonders originell ist das mini mobil im dritten Stock des Technischen Museums. Es wurde im April 2017 erweitert, damit Kinder hier spielerisch alles erkunden können, was mit Mobilität zu tun hat.

Von einem Schiff aus können sie angeln, sie lassen in einer Plastikhülse eine garantiert ungefährliche Rakete steigen oder drehen im Verkehrsparcours in Roll- und Tretautos ihre Runden. In der Nähe wacht ein bekletterbares Polizeiauto. Witzig ist der große Tunnel; spätestens wenn die Kinder darin verschwinden, muss man als Erwachsener die Kontrolle abgeben. Man kann aber auch auf den Flughafen fahren und Gepäck verladen. Herzstück der Erweiterung ist das große, bunte Flugzeug, das man begehen und von dessen Cockpit aus man sogar einen Modellflieger steuern kann. Danach verlässt man es einfach über die gelbe Notrutsche. Nach so viel Verkehr wartet die Raststation mit einem Getränke- und Kaffeeautomaten und vielen bequemen Sitzgelegenheiten für die Eltern.

Für Kleinere von zwei bis sechs gibt es gegenüber auch noch das mini, in dem Kinder spielerisch physikalische Phänomene erforschen; beispielsweise mit einem schwebenden Ball, der von einem Luftstrom in der Luft gehalten wird.

Weiters kann man im Technischen Museum altes Spielzeug besichtigen oder den Original-Eisenbahnwaggon von Kaiserin Elisabeth. Der Eintritt ist bis zum 19. Lebensjahr gratis – es zahlt nur die Begleitperson!

Adresse Technisches Museum Wien mit Österreichischer Mediathek, Mariahilfer Straße 212, 1140 Wien, www.technischesmuseum.at, Tel. 01/899980 // ÖPNV Straßenbahn 10, 52, 60, Station Penzinger Straße; Bus 10A, Station Linzer Straße // Öffnungszeiten Mo–Fr 9–17.45 Uhr, Sa, So, Feiertage 10–17.45 Uhr // ab 2 Jahre

TIPP: Zum Austoben im Freien befindet sich direkt gegenüber der 110.000 Quadratmeter große Auer-Welsbach-Park, benannt nach dem Erfinder der Glühlampe. Witzig: Er gehört zum 15. Bezirk, damit dieser für die Statistik mehr Grünflächen hat.

51_DER MONKI-PARK

Klettern wie die Affen

Klettern, sich entlanghangeln ... Neben Hüpfen und Rutschen ist das für viele Kinder ein zentrales Bedürfnis, das sie gern an Mauervorsprüngen ausleben.

Im Monki-Park können auch Größere dieser Freude nachgehen, während die Eltern in der Hängematte liegen! Im meistbesuchten Indoorspielplatz Wiens gibt es an der Decke einen Hochseil-Klettergarten, der ganzjährig und bei jedem Wetter benutzbar ist. Kinder bekommen selbstverständlich einen Helm, und es wird alles ausführlich erklärt, bevor sie in das Geschirr schlüpfen. Aufgrund der durchgehenden Sicherungsschiene ist kein kompliziertes Umhängen per Karabiner nötig.

Die Nutzung des Klettergartens ist ab 1,20 Meter Körpergröße erlaubt. Klein wie Groß kann den Skytower oder die Kletterwände erklimmen. Wer über acht Jahre alt ist, darf allein in den Monki-Park. Es gibt auch einen separaten Kleinkinderbereich. Am Freitagabend Mitte des Monats ist der Monki-Park exklusiv für Jugendliche ab 14 und für Erwachsene geöffnet. Doch auch wenn diese nur Begleitpersonen sind, wird es für sie nicht langweilig. Die große Doppelrutsche ist so hoch, dass es beim Runterrutschen im Bauch kitzelt, man bremst aber aufgrund des weichen Materials überraschend schnell – und garantiert. Bei den elektrischen Gokarts kommen auch Autofans auf ihre Kosten. Gegen geringen Einsatz für die Bälle kann man Tischtennis und Pit-Pat spielen – eine Art Minigolf auf einem Tisch. Und wer will, kann alle seine Freunde einladen und hier Geburtstag feiern!

TIPP: Wer danach frische Luft braucht, spaziert, die blaue Donau unter sich, direkt vom Zugang zur U 6 den Georg-Danzer-Steg entlang in zehn Minuten auf die Donauinsel!

Adresse Millennium City, Handelskai 94–96, 5. Stock, Entertainmentbereich, 1200 Wien, www.monkipark.at // **ÖPNV** U 6; Bus 11 A, 11 B, 5 A; S-Bahn S 1, S 2, S 3, S 4, S 7, Station Handelskai // **Öffnungszeiten** Mo, Mi, Fr 13–19 Uhr, Di, Do, Sa, So und Feiertage 10–19 Uhr, Schulferien: 10–19 Uhr // ab 3 Jahre, Kletterseilgarten in Begleitung Erwachsener ab 1,20 Meter Körpergröße

52_ DER MOTORIKPARK IM SONNWENDVIERTEL

Bewegung am Hauptbahnhof

Die Wackelelemente machen Spaß, fördern Koordination und Gleichgewichtssinn und trainieren die Haltemuskeln der Wirbelsäule. Damit eignet sich der Motorikpark im Helmut-Zilk-Park nicht nur für Kinder und Jugendliche aller Altersstufen, sondern tut auch tragegeschädigten Bandscheiben der Eltern gut. Egal, ob man waagrecht »Wasserski fahren« oder über Steine balancieren will – es gibt sogar ein Kugellabyrinth, auf dem man mittels Verlagerung des Körpergewichts die Kugel ins Loch bekommen soll.

Somit ist der »kleine Bruder« des großen Motorikparks im 22. Bezirk auch Durchreisenden zu empfehlen: Hat man am Hauptbahnhof mehr als eine halbe Stunde Zeit, sollte man den Ausgang »Sonnwendgasse/Favoritenstraße« suchen. Von hier sind es nur wenige Minuten Fußweg bis zum Helmut-Zilk-Platz, der das Herzstück des neuen Stadtteils Sonnwendviertel ist. Sein Namensgeber war ein Wiener Bürgermeister, der am Tag der Eröffnung 90 Jahre alt geworden wäre.

Noch ist auf dem ehemaligen Gleisbett des Südbahnhofs nicht alles fertig. Vielleicht ist es die für Wien untypische Weite, der Eiswagen oder die südliche Lage, die einen ein wenig ans Meer denken lässt. Für die Grundbedürfnisse ist die Stadtwildnis gut erschlossen: Nur wenige Schritte entfernt befindet sich ein barrierefreies Café mit WC und Wickelmöglichkeit. Bei Regen kann man das Einkaufszentrum im Hauptbahnhof besuchen und wochentags sogar bis 21 Uhr shoppen.

Adresse Hlawkagasse 2, 1100 Wien // **ÖPNV** U 1; Schnellbahn S 1, S 2, S 3, S 4, S 60, S 80; alle Fernzüge; Straßenbahn 18, O; Bus 13 A, 69 A, Station Hauptbahnhof; Straßenbahn D, Station Alfred-Adler-Platz; Bus 14 A, Station Wielandplatz // **Öffnungszeiten** rund um die Uhr // ab 3 Jahre

53_ DAS MQ AMORE
Echt prachtvoll Minigolf spielen

Machen wir uns nichts vor. Manche Kinder kann man für Kultur interessieren, andere nicht so sehr. Natürlich hängt es auch vom Alter und von den gebotenen Geschichten ab. Im MuseumsQuartier Wien, einem Zusammenschluss mehrerer Kunstmuseen auf 90.000 Quadratmetern, findet man neben Performances, Aufführungen, Restaurants und Plätzchen zum Verweilen ganz viele Geschichten – wie zum Beispiel im bekannten »Zoom-Kindermuseum«. Für Eltern, deren Kinder kein Museum betreten wollen, hat Wien natürlich auch eine Alternative zu bieten, nämlich Spaß und Bewegung *vor* einem Museum.

Vor dem MuseumsQuartier Wien befindet sich Wiens erster Kunst-Skulpturenpark, der als Minigolfplatz bespielbar ist. Tatsächlich – nicht nur der Platz, sondern auch die Kunstwerke! Das MQ Amore präsentiert wechselnde Elemente zeitgenössischer Kunst, die so aktiv erlebbar gemacht wird. Man schießt die Bälle richtig auf, über und durch Kunstwerke hindurch. Wenn man diese nur betrachten will, kann man das natürlich auch von außen. Spielutensilien kann man sich im kleinen Kiosk leihen, dort gibt es auch Erfrischungen. Falls man noch nie Minigolf gespielt hat, lohnt sich ein Ausprobieren hier auf jeden Fall.

Wo sonst darf ein Ball ein echtes Kunstwerk hinauflaufen? Und man fühlt sich im Sommer fast wie an der Riviera im Süden.

> **TIPP:** Haben Sie schon einmal ein Bürstengeschäft gesehen oder vielleicht sogar Bedarf an Bürsten aller Art? Wagen Sie einen Sprung ins Geschäft Walter Weiss in der Mariahilfer Straße 33 – schon allein die Auslage lohnt einen Blick!

Adresse Museumsplatz 1, 1070 Wien, www.mqw.at // **ÖPNV** U2, Station Museumsquartier; Straßenbahn 1, 2, 71, D, Station Burgring // **Öffnungszeiten** täglich in der warmen Jahreszeit, siehe Homepage // ab 2 Jahre

54_DIE MUSIKALISCHSTE TREPPE

Alles über Töne im Haus der Musik

Natürlich gibt es in der Mozartstadt auch ein Klangmuseum. Das Haus der Musik, in dem es sich befindet, geht mit musikalischen Höhepunkten derart verschwenderisch um, dass sich ein sehr lustiger gleich unmittelbar nach dem Eingang am Weg in den ersten Stock befindet. Zuerst merkt man gar nicht, dass die schwarz-weißen, einer Klaviertastatur nachempfundenen Treppenstufen beweglich sind. Doch spätestens beim zweiten Schritt hört man, dass sie eine Tonleiter spielen, deren Noten gleich daneben eingeringelt an die Wand projiziert werden. Für manche Kinder ist diese »Stairplay«-Treppe so aufregend, dass sie gleich zehn Mal auf und ab gehen. Keine Sorge: Im Gegensatz zu den Nachbarn zu Hause stört das hier niemanden.

Außer der Klangtreppe gibt es hier noch viel mehr: Kinder können ihren Namen musizieren, mit virtuellen Würfeln einen Walzer komponieren – und diesen natürlich mit nach Hause nehmen – oder dirigieren. Die Wiener Philharmoniker etwa (Vorsicht! Die Musiker meutern, wenn man zu langsam wird!) oder auch einen ganzen Zoo, im »Zookonzert« in der vierten Etage. Man hört, wie es im Mutterleib geklungen haben mag, und darf auf Rieseninstrumenten trommeln. Eine Führung lohnt sich, da man sonst viele Sensationen verpasst. Bucht man keine, kann man sich auch mittels eines Wegweisers aus Papier orientieren. Selbstverständlich kann man das freundliche Personal immer fragen – und dies zum Anlass nehmen, das Stiegenhaus hinunterzuflitzen und gleich noch mal über die Klangtreppe zu laufen.

Adresse Seilerstätte 30, 1010 Wien, Tel. 01/5134850, www.hausdermusik.com/das-klangmuseum // **ÖPNV** U 1, U 2, U 4, Station Karlsplatz; Straßenbahn 2, 71, D, 2 A, Station Schwarzenbergplatz // **Öffnungszeiten** täglich 10 – 22 Uhr // ab 3 Jahre

55_DER NACKTMULL-TUNNEL

70 Meter hinter Glas

Zugegeben, sie sind nicht wahnsinnig hübsch. Und fast blind. Dafür sind sie wahre Tastkünstler und orientieren sich mit Hilfe von feinen Sinneshaaren. Sie leben in trockenen Wüstengegenden Afrikas unter der Erde. Und in Wien.

Spaziert man zum Tiergarten Schönbrunn, befindet sich vor dem Eingang schräg gegenüber dem Palmenhaus das eigenständige Wüstenhaus. Obwohl es von außen nicht besonders groß erscheint, ist es einen Besuch wert – schon allein wegen der Nacktmullröhren. Was aus der Ferne – nach dem Eingang im dunklen Durchgang auf der rechten Seite – wie eine Maschine aussieht, ist ein 70 Meter langes Glaslabyrinth, in dem sie, wenn sie nicht gerade schlafen, was tagsüber oft der Fall sein kann, unermüdlich durch die warm bestrahlten Gänge flitzen. Kinder, die ihrem Hamster gern aus Klorollen Gänge bauen, können sich hier hervorragend inspirieren lassen.

Die Nacktmulle sind ständig mit dem Graben von Gängen beschäftigt, transportieren Nahrung, legen Klo- und Schlafkammern an und helfen einander bei der Aufzucht der Jungen. Sie graben mit ihren auffällig langen Zähnen; da diese aus dem Maul ragen, kommt keine Erde hinein. Kurios: In jeder Kolonie ist nur ein einziges Weibchen fruchtbar. Es ist größer als die anderen und hat eine gewölbte Wirbelsäule, um die vielen Jungen in ihrem Bauch unterzubringen. Wer sich jetzt fragt, wie sie mit diesen durch die Gänge passt – sie wächst während ihrer Trächtigkeit in die Länge.

Adresse Schlosspark Schönbrunn, Hietzinger Hauptstraße 1, 1130 Wien, www.zoovienna.at/anlagen/wuestenhaus // **ÖPNV** U 4; Straßenbahn 10, 60; Bus 51 A, 56 A, 56 B, 58 A, Station Hietzing // **Öffnungszeiten** Jänner–April und Okt.–Dez. 9–17 Uhr, Mai–Sept. 9–18 Uhr // ab 2 Jahre

TIPP: Gleich gegenüber befindet sich das Palmenhaus. Eine Palme ist nach der erfolgreichen österreichischen Olympiaschwimmerin Mirna Jukic benannt.

56_ DER NATURGARTEN

Ganz viel Leben auf dem Zentralfriedhof

Das Tor 9 ist etwas schwer zu finden. Entweder man fährt mit der Straßenbahn 71 zum Haupttor und nimmt den Friedhofsbus, oder man fährt mit dem Bus oder Auto direkt zu Tor 9. Sehen Sie neben dem Parkplatz die Blumenstube Lucia, sind Sie richtig. Sie werden sich jetzt fragen, wieso Sie mit Kindern einen Friedhof besuchen sollten. Man muss das natürlich aufs Kind abstimmen. Tatsache ist, dass Sie rund um den Naturgarten des Zentralfriedhofs die Chance haben, frei laufenden Rehen, Füchsen, Hasen, Fasanen und anderen Tieren zu begegnen – da ist ganz viel Leben!

Nach Tor 9 des Zentralfriedhofs halten Sie sich links. An den Kreuzen, den Gräbern gefallener Soldaten, vorbei spazieren Sie parallel zur Mauer. Nach einer Querstraße treffen Sie auf einen Schranken, dahinter öffnet sich das Gelände zum Naturgarten. Sie können die Wiese durchwandern und Vogelstimmen lauschen. Am anderen Ende befindet sich ein kleiner Schilfgürtel mit einem Teich, der Fröschen ein Zuhause gibt. Vor einem zugemauerten alten Tor in der Friedhofsmauer stehen Bienenstöcke.

Von Tor 11 gelangen Sie ebenfalls hierher. Dort befindet sich der Alte Israelitische Friedhof mit seinen uralten Gräbern. Viele verwittern, weil die Nachkommen umkamen. Die Rehe finden auch dort Unterschlupf. Man entdeckt Namen berühmter Persönlichkeiten, zum Beispiel des Mannes, der Theodor Herzl das Radfahren beigebracht hat (siehe Ort 33): der Arzt und Schriftsteller Arthur Schnitzler.

Adresse Zentralfriedhof Tor 9, Mylius-Bluntschli-Straße 7, 1110 Wien, www.friedhoefewien.at // ÖPNV Bus 71 B, Station Zentralfriedhof zu Tor 9; S-Bahn S 7, Station Zentralfriedhof zu Tor 11; Straßenbahn 71 zu einem der Haupttore; friedhofsinterner Bus zum Naturgarten // Öffnungszeiten Nov.–Feb. 9–16 Uhr, März und Okt. 8–17 Uhr, April–Sept. 8–18 Uhr, Mai–Aug. zusätzlich jeden Do 8–19 Uhr // ab 8 Jahre

TIPP: Die Flughafen-S-Bahn S 7, die in der Nähe von Tor 11 stehen bleibt, fährt von der Haltestelle Wien Mitte ab. Fährt man mit dieser zum Flughafen und zurück, kann man die imposante Ölraffinerie Schwechat bewundern. Achtung: Das Ticket für Wien gilt nur bis zur Stadtgrenze!

57_DER NETTESTE INNENHOF

Herumtollen im Planquadrat

Von außen sieht es aus wie der Eingang zu einem ganz normalen Wohnhaus der Gemeinde Wien. Die große Gittertür unter der Aufschrift »Haus Margareten« ist unauffällig und nur durch die Aufschrift »Planquadrat Garten« erkennbar. Vor circa 40 Jahren befanden sich hier noch mehrere verwahrloste Innenhöfe mit Betonplatten und Sperrmüll. 1974 gaben zwei Journalistinnen mit einer Dokumentation über Stadtentwicklung und Bürgerbeteiligung den Anstoß für die Umgestaltung in einen blühenden, für die Öffentlichkeit nutzbaren Garten.

Besuchern erschließt sich eine wahre Oase zwischen alten Wiener Zinshäusern. An einem Kinderspielplatz mit einem lustigen »Laufrad« vorbei, das durchaus auch für Große empfehlenswert ist, schlängeln sich die Wege hinter einem hellroten Spielzeugauto in zwei Ebenen weiter: einerseits am Vereinsvorstandshaus vorbei um die Ecke zu einer von Rosen umrankten Sandkiste – andererseits, quasi eine Etage tiefer, zu einer Liegewiese mit Laube. Dazwischen befindet sich ein Tunnel. Praktisch ist, dass die Tore schließbar sind und Kleinkinder somit nicht auf die Straße laufen können. Eltern können hier getrost Platz nehmen und haben die Kinder in Hör- und Sichtweite. Liebevolle Details wie eine Balancierstange zeigen, dass dieser netteste Innenhof Wiens vom Planquadrat Gartenhofverein nach wie vor mit sehr viel Herzblut erhalten wird. Wer will, kann sich dem Verein anschließen und mitmachen!

Adresse Margaretenstraße 34 oder Preßgasse 24, 1050 Wien // ÖPNV U1, Station Karlsplatz; U4, Station Kettenbrückengasse; Straßenbahn 1, 62, Station Paulanergasse // Öffnungszeiten täglich 8–18 Uhr // ab 1 Jahr

58_ DER NIEDRIGSTE AUSSICHTSTURM DER STADT

Rundblick auf der Paulinenwarte

Aussichtstürme, sogenannte »Warten«, gibt es in Wien viele. Doch nicht jeder mag es, auf einer Plattform zu stehen, die man im Wind ächzen hört und womöglich sogar wackeln spürt. Für Ängstliche hat Wien auch einen ganz **niedrigen Aussichtsturm** zu bieten, von dem man ebenfalls bis zum Wienerwald sieht.

Die Paulinenwarte steht im Türkenschanzpark und ist nach Fürstin Pauline Metternich benannt, die **viele exotische Pflanzen** für diesen Landschaftspark gespendet hat. Der eignete sich aufgrund seines sandigen Bodens besonders gut für die Pflanzen aus verschiedenen Klimazonen. Sein Name hat einen gruseligen Hintergrund, befand sich hier doch eine Geländekante, von der aus die Wiener angeblich bei der ersten Türkenbelagerung 1529 Heere türkischer Soldaten in den Tod stürzen ließen – Beweis dafür gibt es jedoch keinen.

Von Auseinandersetzungen ahnt man heute nichts mehr. Der Park besticht durch Ruhe, **vier Teiche** und einen Feuerwehrspielplatz mit großer Rutsche. Die Paulinenwarte wurde 1909 erbaut und diente auch als kleiner Wasserspeicher. Sie war lange gesperrt und wurde renoviert. Seit 2010 erstrahlt sie wieder und ist – aber nicht täglich – begehbar. Die Öffnungszeiten organisiert der Verein der Naturfreunde Währing. Für Kinder bis 14 Jahre ist der Besuch kostenlos, Erwachsene bezahlen 60 Cent. Da bleibt noch Geld für ein Eis im Seerestaurant.

TIPP: Wer auf den Geschmack gekommen ist: Eine richtig furchteinflößende Warte für Schwindelfreie ist die Jubiläumswarte in der Johann-Staud-Straße.

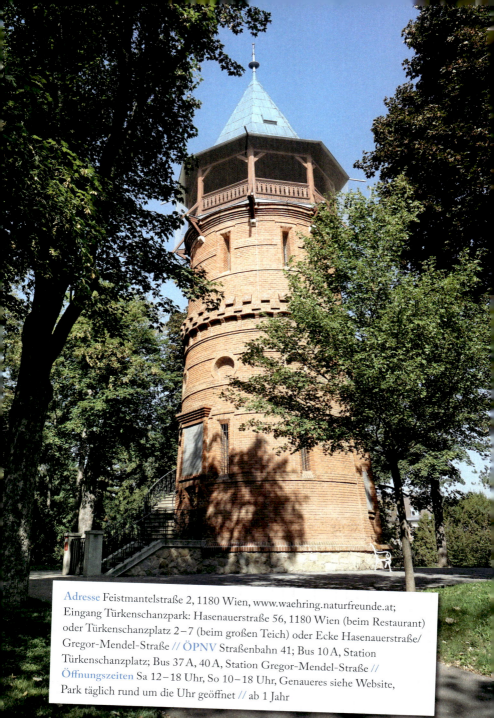

Adresse Feistmantelstraße 2, 1180 Wien, www.waehring.naturfreunde.at; Eingang Türkenschanzpark: Hasenauerstraße 56, 1180 Wien (beim Restaurant) oder Türkenschanzplatz 2–7 (beim großen Teich) oder Ecke Hasenauerstraße/Gregor-Mendel-Straße // **ÖPNV** Straßenbahn 41; Bus 10 A, Station Türkenschanzplatz; Bus 37 A, 40 A, Station Gregor-Mendel-Straße // **Öffnungszeiten** Sa 12–18 Uhr, So 10–18 Uhr, Genaueres siehe Website, Park täglich rund um die Uhr geöffnet // ab 1 Jahr

59_DAS PAPYRUS-MUSEUM

Die alten Ägypter mitten in Wien

Wenn man Kinder fragt, was sie in der Schule über die Ägypter gelernt haben, dann erinnern sie sich meist sofort an die Sache mit dem Gehirn und der Nase. Es ist ja auch spektakulär, wie Mumien präpariert wurden, damit sie so lange hielten. Die Ägypter entfernten die Organe und gelangten durch die dünne Knochenplatte oberhalb der Nase leicht zum Gehirn. Sie hielten es nämlich für »Füllmaterial« – der Sitz des Verstandes lag für sie im Herzen. Doch man muss bedenken, dass sie vor 3.000 Jahren mit damaligen Mitteln riesige Pyramiden errichteten, ihre Kinder zur Schule schickten und vieles von ihrem Alltagsleben schriftlich dokumentierten. Die Wohlhabenderen schrieben auf Papyrus, dünnen, aus der Papyruspflanze hergestellten Blättern.

Dies ist im Papyrusmuseum der Österreichischen Nationalbibliothek eindrucksvoll zu sehen: Schulbücher mit Mathematikaufgaben, Federpennale, Steuererklärungen und vieles mehr. Die Menschen glaubten an Magie und zeichneten beispielsweise Skorpione, deren Bilder sie als Amulette gegen Skorpionbisse trugen. Interessant sind auch Uschebtis, kleine Figürchen, die einem Verstorbenen ins Grab mitgegeben wurden und dann an seiner Stelle antreten sollten, wenn er nach dem Tod zur Arbeit gerufen würde.

Für Kinder gibt es altersgemäße Workshops, bei denen sie Hieroglyphen auf Papyrus schreiben, alte Schreibgeräte ansehen oder – bereits ab drei Jahren – den Erzählungen eines Stoffkrokodils lauschen können.

Adresse Neue Burg, Heldenplatz, 1010 Wien, Tel. 01/53410425, www.onb.ac.at/museen/papyrusmuseum // **ÖPNV** U 2, U 3; Straßenbahn 46, 49, Station Volkstheater; Straßenbahn 1, 2, 71, D, Station Burgring oder Ring-Volkstheater; Bus 57 A, Station Burgring // **Öffnungszeiten** täglich 10–18 Uhr, Do 10–21 Uhr; Okt.–Mai montags geschlossen // ab 3 Jahre

60_DIE PARADIES-GRÜNDE

Wo man noch Schmetterlinge findet

Das Gittertor an der Hüttelbergstraße 22 neben der evangelischen Kirche ist unscheinbar. Nichts deutet darauf hin, dass der Weg nach dem kurzen Treppchen zu einer wahrlich paradiesischen Wiese führt, die eine der schönsten Wiens ist. Beim zweiten Eingang auf Höhe der Hausnummer 26 verspricht der Schmetterling auf dem Plakat Naturgenuss. Hier kann man einen Blick auf die danebenliegende prachtvoll-skurrile Otto-Wagner-Villa des österreichischen Künstlers Ernst Fuchs werfen, der seiner Mutter diese als Kind versprach und das Versprechen einhielt. Nach dem Tor geht man immer bergauf bis zur großen Wiese, die zum Biosphärenpark Wienerwald gehört.

Die ist wirklich paradiesisch und für Stadtkinder schon allein deshalb einen Besuch wert, weil jedes Kind einmal über eine solche hinuntergerollt sein und Schmetterlinge aus der Nähe bewundert haben sollte. Die gibt es hier massenhaft. Nach einem langen Sommer können die Blumen im September zum zweiten Mal blühen (Achtung: Die lila Herbstzeitlosen sind giftig). Im Winter ist die Wiese zum Bobfahren beliebt und sollte aufgrund der Steigung nicht unterschätzt werden. Schafft man es bis ganz hinauf, kann man auf einem umgestürzten Baumstamm ausruhen. Links führen allerhand Wege in den Wald und zu entstandenen Baumhaussiedlungen.

Wer nicht hinaufgehen will, findet neben der Wiese einen Waldspielplatz mit einem Piratenschiff aus Holz.

TIPP: Der Hunger nach dem Wandern kann in der sehr kinderfreundlichen Pizzeria Ristorante Francesco an der Ecke Hüttelbergstraße/Linzer Straße gestillt werden. Die Holzofenpizzen gibt es hier auch im Kinderformat.

Adresse Hüttelbergstraße 22 oder 26, 1140 Wien // **ÖPNV** Bus 43 B, 52 A, 52 B, Station Hüttelbergstraße/Freyenthurmgasse // **Öffnungszeiten** rund um die Uhr // ab 3 Jahre

61_PERLE4YOU

Ein Bastelparadies für Groß und Klein

Basteln Kinder Schmuck, müssen sie beileibe nicht nur bei plumpem Holzspielzeug bleiben – es gibt in Wien auch ein eigenes Fachgeschäft für allerlei Perlen, Kettchen und Schmucksteine.

»Wer uns sucht, der findet uns«, erzählt der Juniorchef freundlich, während Kinder mit kleinen Plastikschüsselchen durch das Geschäft gehen und ganz vorsichtig ausgewählte Perlen hineinlegen. Eine Kundin ist mit größeren Kindern da; sie suchen sich fertige Ohrringe aus, während sich die Mutter für einen Kurs anmeldet, bei dem sie selbst Perlenketten und sonstigen Schmuck basteln kann.

Wer Material für schönes Handwerk sucht, der ist hier goldrichtig. Es gibt unzählige Fächer, Schatullen, Schaukästen, in denen Perlen und Schmuckzubehör fein säuberlich nach Farben, Größen und Preis sortiert sind. Glas, Holz, Kunststoff, echte Perlen, Gold, Silber, Verbindungsstückchen und Verschlüsse … überall blinkt und glitzert es. Wieso fädelt man eigentlich selbst so selten Perlenketten auf? Natürlich gibt es hier auch Gummibänder, Schnallen, Verschlüsse, Kettchen aus Silber und fertigen Schmuck. Einige Perlen kann man sogar über die Homepage nach Hause bestellen.

Für Kreative gibt es auch Workshops im Kreativraum in der Hörlgasse 4. Vorsicht: Laut den Informationen auf der Homepage besteht bei diesem Hobby Suchtgefahr. Wer einmal damit angefangen hat, Schmuck zu basteln, kann nur schwer wieder aufhören!

> **TIPP:** Schöne Kettenkreationen für Jüngere gibt's auch in der Phantasy Schmuck Galerie in der Mariahilfer Straße 45/II/22–24. Das Geschäft befindet sich in einem netten »Durchhaus« (langer Durchgang), dem Raimundhof.

Adresse Hörlgasse 4, 1090 Wien, Tel. 0660/3501363, www.perle4you.at // **ÖPNV** U 2; Straßenbahn D, 1, 37, 38, 40, 41, 42, 43, 44, 71, Station Schottentor // **Öffnungszeiten** Mo–Fr 10–18 Uhr, jeder 1. Sa im Monat 10–17 Uhr // ab 5 Jahre

62_DIE PIZZERIA DA ANNALISA

Die kinderfreundlichste Pizzeria der Stadt

Diese Pizzeria ist bereits als kinderfreundlichster Betrieb im 17. Bezirk ausgezeichnet worden! Und das zu Recht. Denn hier dürfen Kinder ganz ohne Aufpreis vom Teig bis hin zu den letzten Käsekrümeln ihre Pizzen selbst mitgestalten.

Ab 17 Uhr ist der Ofen an, und dann geht es auch schon los. Kinder dürfen sich auf den Sessel vor der Arbeitsfläche knien, der nette Pizzabäcker streut Mehl aus und legt den Teigklumpen darauf. Den Rest machen die Kinder gemeinsam mit ihm. Beim Zusehen staunt man, wie elastisch so ein Pizzateig ist! Die Kinder dürfen die Tomatensoße verstreichen, ihre Beilagen auswählen, kosten und darauf verteilen. Pizzabäcker Aki legt dabei eine erstaunliche Geduld an den Tag. Calzone-Pizzen werden bei genügend Zeit zu einem lustigen Fisch umgeschlagen und auch noch fachgerecht mit einer Olive verziert. Zum Schluss kommt die Pizza in den Holzofen und schmeckt wenige Minuten später tatsächlich so gut wie kaum anderswo. Vermutlich, weil man selbst die Hände im Spiel hatte. Bei der Probeverkostung hat besonders der hauchdünne, frische Schinken überzeugt!

Annalisa, nach der die Pizzeria benannt ist, führt den Laden seit 1988 mit viel Geduld und Herzlichkeit. Kleinere Kinder, die mithelfen wollen, kommen am besten gleich zu Beginn der Öffnungszeiten, dann ist weniger los.

Außer Pizza gibt es hier auch andere Spezialitäten der italienischen Küche. Einen Tisch reservieren kann man hier übrigens sogar online!

Adresse Rötzergasse 40, 1170 Wien, Tel. 01486/5173, www.pizzeria-annalisa.at // **ÖPNV** Straßenbahn 9, Station Elterleinplatz // **Öffnungszeiten** Di–Fr 11–14 und 17–22.30 Uhr // ab 2 Jahre

63_ DER PÖTZLEINS-DORFER SCHLOSSPARK

Märchenpark mit Mammutbaum

Nähert man sich vom Häusermeer der Stadt dem ehemaligen Wiener Vorort Pötzleinsdorf, kann man beobachten, wie es immer grüner wird. Der Legende nach stammt der Name von einem Ritter, der dort einen Bären bezwungen haben soll und daraufhin »Petzler« genannt wurde. An Ritter erinnert auch das schmiedeeiserne Parktor.

Mit kleineren Kindern kann man gleich auf den dahinterliegenden Spielplatz abzweigen, der mit Kiosk, WC, Bächlein und Ziegengehege top ausgestattet ist. Spätestens die Laufradfahrer erfreuen sich an den gut befahrbaren Asphaltwegen in diesem märchenhaft angelegten Landschaftspark aus dem 18. Jahrhundert; Fahrradfahren ist aber verboten, ebenso wie Hunde.

Gleich zu Beginn des Weges begegnet man zwei riesigen Mammutbäumen. Der Wechsel der Jahreszeiten spiegelt sich in den Ententeichen, den Wiesen und der bewaldeten Hügelkuppe wider. Von dort aus blickt man bis zum berühmten Schafbergbad.

Mit etwas Glück begegnet man einem Reh, ganz sicher aber sieht man eine der vier antik wirkenden Statuen, die nach dem Brand des Ringtheaters 1874 von dessen Dach hierhergebracht wurden. Die Figurinen verkörpern die vier Singstimmen Sopran, Alt, Tenor und Bass. Der Sopran, dargestellt von der »jungen, barbusigen Frau«, ist am schwierigsten zu erspähen. Ein kleiner Tipp: Die Figur befindet sich eher im unteren Teil des Parks.

Adresse Max-Schmidt-Platz 1, 1180 Wien // ÖPNV Straßenbahn 41; Bus 41A, Station Pötzleinsdorf // Öffnungszeiten Mo–Fr ab 7 Uhr, Sa, So und Feiertage ab 8 Uhr bis Einbruch der Dunkelheit // ab 0 Jahre (mit Kinderwagen begehbar)

64_ DIE PRÄCHTIGSTEN RITTER DER STADT

Vom Märchenbuch in die Hofburg

Ritter in glänzender Rüstung – zumindest im Märchen gibt es sie noch immer. Meist gibt es in den Geschichtsbüchern ein, zwei Bilder, und das war es auch schon. Wirklich in ihre Welt eintauchen kann man im Weltmuseum in der Hofburg (vormals Völkerkundemuseum).

Hier ist die Sammlerphase der meisten Kinder ganz normal. Klagte schließlich schon der Habsburger Maximilian, Kaiser von Mexiko, an »Museomanie« zu leiden. Er war einer der Ersten, die dieses Museum befüllten. Zeigte es früher Schaustücke von Feldzügen oder aus Kolonien, wurde die Sammlung später auch durch Hochzeiten erweitert. Schließlich war keine andere Herrscherfamilie mit so vielen europäischen Ländern durch Heirat verbunden.

Das führte zur beeindruckenden Sammlung an Ritterrüstungen in der Hofjagd- und Rüstkammer im zweiten Stock. In mehreren Sälen sind lebensgroße Rüstungen, Figuren und Pferde ausgestellt. Sogar ein Husarensattel ist zu sehen. In den stillen Sälen meint man, den Lärm alter Burgen zu hören. Denn auch zur Zeit der Ritter gab es Feste: Für diese sind die Faltenrockrüstung aus dem 15. Jahrhundert oder die Rüstungen in Kindergröße entstanden.

Wer es friedlicher mag, kann die Sammlung alter Musikinstrumente bewundern, in der kurios geschwungene Hörner und eine Violine aus dem Besitz von Mozarts Vater zu sehen sind.

Adresse Hofburg, Heldenplatz, 1010 Wien, www.weltmuseumwien.at, Tel. 01/534305052 // **ÖPNV** U3, U2; Straßenbahn 46, 49, Station Volkstheater; Straßenbahn 1, 2, 71, D, Station Burgring oder Ring-Volkstheater; Bus 57A, Station Burgring // **Öffnungszeiten** Mo, Di, Do, Sa, So 10–18 Uhr, Fr 10–21 Uhr, Mi Ruhetag // ab 3 Jahre

TIPP: Kaiser Franz war leidenschaftlicher Gärtner. Um dieses Vergnügen auszuleben, ließ er den hinter dem Gebäude liegenden Burggarten errichten. In diesem romantischen Park, in dem im Frühling die Lipizzaner weiden, befindet sich ein Denkmal für ihn sowie eines für Mozart.

65_ DIE PROMENADE
Zwischen Millennium City und Marina

Das einzige Manko Wiens ist ja, dass es nicht am Meer liegt. Aber am rechten Donauufer lässt sich gut der Duft der weiten Welt schnuppern. Man kann diesen Spaziergang im 20. Bezirk an der Donauseite des Einkaufszentrums Millennium City beginnen, im ersten Stock über die große Treppe zur Donau hin. Hier ist der beste Platz, um langsam dahinsegelnde Schwäne zu beobachten.

Wählt man von da den Treppelweg am Wasser, sieht man die Wellen, die im Kielwasser großer Schiffe entstehen und dann ans Ufer schwappen. Treppelwege waren früher und sind auch heute noch für den Schiffsverkehr als Zufahrtsstraße unerlässlich. Beim Rekordhochwasser 2013 waren sie komplett überflutet. Wer sich weiter entfernt wohler fühlt, kann die Promenade oben auf dem Uferdamm entlanggehen. Hier kreuzt man gleich mehrere Spielplätze. In jedem Fall gilt: Ein Schiff wird kommen. Am Treppelweg sogar so nahe, dass man meinen könnte, mit einem Hüpfer an Bord springen zu können. Dies ist natürlich verboten; aber man kann die Taue und Maschinen ansehen, die sich auf den Schiffen befinden.

Vor der Reichsbrücke halten die ganz großen Dampfer – hier ist auch ein kleiner Rastplatz mit einem Outdoor-Fitnesscenter. In einer Hängematte liegend, kann man die Schiffe an sich vorüberziehen lassen. Unter der Brücke wird es aufregend: Wer immer schon mal unter einer U-Bahn stehen wollte, kann hier die Brückenpfeiler mit den bandscheibenartigen Stoßdämpfern studieren und danach zur Marina, dem Yachthafen, flanieren – der ist bereits im 2. Bezirk.

Adresse Nordbahnlände, 1200 Wien oder 1020 Wien // **ÖPNV** U6, S-Bahnen bis Station Millennium City; U1, Station Reichsbrücke; U2, Station Donaumarina // **Öffnungszeiten** rund um die Uhr // ab 0 Jahre, Promenade sehr schön mit Kinderwagen zu begehen

TIPP: Biegt man bei der Brigittenauer Brücke auf den Steg ab, der über die Gleise führt, gelangt man über die Traisengasse in wenigen Minuten zum Gasthaus Kopp (Engerthstraße 104). Dort gibt es die besten Schnitzel! Allerdings: Eine Portion reicht für zwei Personen.

66_DIE RAUCH JUICEBAR

Relaxzone im Herzen von Wien

Einkaufszentren sind mit Kindern ja oft anstrengend – auch wenn sie sehr praktisch sind, weil alles in Gehweite ist. Ein Ruhepol ist das noch nicht sehr überlaufene Einkaufszentrum im Bahnhof Wien Mitte im 3. Bezirk. Während der breite Gang insbesondere im zweiten Stock an Regentagen als Kinderauslauf verwendet werden kann, ist im Food-Bereich im ersten Stock mehr los – irgendwie ist es den Planern aber trotzdem gelungen, Ruheinseln zu schaffen.

Sehr beliebt bei Müttern und Vätern mit kleinen Kindern ist die Ecke mit dem Sofa und den Polstermöbeln neben dem Lift, die den Kunden der Rauch Juicebar zur Verfügung steht. Hier ist es verhältnismäßig ruhig, falls jemand kurz schlummern möchte. Diese Vitamininsel kann man Kindern und Eltern aller Altersstufen empfehlen. Leckere Obst- und Gemüsesäfte werden direkt gepresst, es gibt Eigenkreationen und alle erdenklichen Smoothies auch zum Mitnehmen. Alle drei Monate stehen saisonale Specials auf der Karte, auch gemixt mit Milch oder veganem Milchersatz.

Das Unternehmen feiert übrigens gerade seinen 100. Geburtstag: 1919 gründete Franz Josef Rauch eine kleine Lohnmosterei für die Bauern seiner Umgebung. Dieses frühe Start-up war die Keimzelle der heutigen Rauch Juicebar, die mit fruchtigen Ablegern in Österreich und bis nach Deutschland expandiert hat.

> **TIPP:** Als »Unterlage« empfiehlt sich ein mexikanischer Taco bei »Max und Benito« im Erdgeschoss. Hier dürfen Kinder selbst entscheiden, wie ihre Tacos befüllt werden!

67_DER RECHTECKIGE TEICH

Froschkönigs gute Kinderstube

Kinder, die kleine Tiere lieben, gern Insekten beobachten oder Schneckenrennen veranstalten, werden am Pappelteich insbesondere im Frühling voll auf ihre Kosten kommen. Ein malerischer Weg führt dorthin, von der Ecke Anton-Krieger-Gasse/Kalksburger Straße an einer naturbelassenen Wiese vorbei, die vorsorglich geteilt wurde – auf einer Hälfte dürfen Hunde frei toben, auf der anderen die Kinder.

Bei der Gabelung nimmt man den mittleren Weg und gelangt zuerst zu einem umzäunten Kleinkinderspielplatz. An diesen schließt sich eine Wiese zum Fußballspielen an, dort sind zwei Tore aufgestellt. Von hier aus sieht man schon den Waldspielplatz mit Kletterwand. Links davon liegt der Pappelteich. Dieser ist kein Naturteich, sondern die namensgebenden Pappeln umsäumen ein Betonbecken, das in den Kriegsjahren als Militärschwimmbad von der damals in der Nähe befindlichen Kaserne genutzt wurde. Von dieser gibt es in den umliegenden Wäldern noch überwucherte Reste. Die Natur hat sich auch das ehemalige Schwimmbecken zu eigen gemacht – im Frühling gibt es an kaum einem Ort mehr Kaulquappen, von denen es besonders am Rand des Betonbeckens wimmelt. Auch Wasserschnecken, Wasserschlangen, Kröten und Molche findet man hier. Die Kaulquappen brauchen ungefähr zehn bis zwölf Wochen, bis sie zu prachtvollen Froschkönigen herangewachsen sind. Nur küssen sollte man sie nicht – zum Baden ist das Wasser ungeeignet.

Adresse auf der Wiese neben dem »Rundumadum«-Wanderweg, 1230 Wien // **ÖPNV** Bus 60A, Station Lindauergasse, dann zu Fuß bis Ecke Anton-Krieger-Gasse/Kalksburger Straße, danach links unter der großen Wiese den Schotterweg geradeaus bis zum Kletterbaum/Kleinkinderspielplatz, von dort nochmals 300 bis 400 Meter geradeaus bis zum Naturspielplatz, Pappelteich in der Wiese links davon // **Öffnungszeiten** rund um die Uhr // ab 2 Jahre

68_DIE RODELSTRASSE

Den Kindern das Kommando!

Auch wenn die Winter immer wärmer werden – manchmal haben die Kinder doch Glück, und es schneit. Zum Skilaufen muss man bis auf wenige Ausnahmen (siehe Ort 24) weiter wegfahren, doch Rodeln geht auch in der Stadt. Mehrere Parks haben Rodelhügel, doch selbst viele Wiener wissen nicht, dass es mitten im 12. Bezirk eine eigene Rodelstraße gibt! Misst die Wetterstation der Hohen Warte mehr als zehn Zentimeter Schnee, wird die Schrankenanlage für den Verkehr gesperrt und der Bus in die Parallelstraße umgeleitet. Dann richtet der Bezirk Halteverbotszonen ein, man darf nicht mehr durchfahren und der Schnee wird nicht mehr geräumt.

Die Schwenkgasse ist auf einer Seite von der Parkmauer einer Pflegeeinrichtung, auf der anderen Seite im oberen Bereich von Gemeindebauten umsäumt. Diese in den 50er Jahren entstandenen Wohnhäuser der Gemeinde linderten die Wohnungsnot und versorgten die Bevölkerung mit bezahlbaren Wohnungen mit Küche und Bad. Die Gemeindebauten in der Schwenkgasse ähneln ein wenig einer alten Burg und scheinen die Zeit an einem ruhigen Wintertag gemeinsam mit dem »Rodeln erlaubt«-Schild am oberen Schranken regelrecht zurückzudrehen.

Seit 1965 gibt es die Rodelstraße aufgrund einer Initiative der Stadt – im Jahr 2011 drohte ihr aus Haftungsgründen das Aus. Doch kurz vor Weihnachten desselben Jahres wurde das Verbot wieder aufgehoben. Seitdem gilt wie seit über 50 Jahren: Rodelnde Kinder haben Vorrang!

Adresse Schwenkgasse, 1120 Wien // **ÖPNV** Bus 8 A, 63 A, Station Gatterhölzl; Bus 9 A, Station Schwenkgasse/Tivoligasse oder Schwenkgasse // **Öffnungszeiten** rund um die Uhr zugänglich, ab zehn Zentimetern Schnee // ab 1 Jahr

TIPP: Im Sommer wird auf der Straße seit Neuestem eine Wasserrutsche ausgerollt! Verpasst man auch die, rutscht man auf dem nahen Naturspielplatz Marillenalm (Eingang Hohenbergstraße 58) im »Gatsch«.

69_DER ROMANTISCHSTE ENTENTEICH

Hier quakt der Fürst

Wer mit Kleinkindern in der nicht ganz kalten Jahreszeit im Freien unterwegs ist, weiß: Eine Runde Entenschauen muss sein. Ob im Frühling, wenn flauschige Junge geschlüpft sind, im Sommer, wenn die ganze Entenfamilie ihre Kreise zieht, oder im Herbst, wenn sich die Tiere in der tief stehenden Nachmittagssonne aneinanderdrücken; ein Ententeich hat immer einen ganz besonderen Reiz. Einen der schönsten findet man im Liechtensteinpark.

Dieser Garten des barocken Palais Liechtenstein ist so, wie sich manche Touristen den Prototyp eines gepflegten Wiener Parks vorstellen: mit feinen Kieswegen, alten Bäumen, die beschriftet sind, einer Nymphenstatue und kunstvoll angelegten Blumenbeeten. Das Palais, das dem Fürsten Liechtenstein gehört, beherbergt eine Kunstsammlung, die man jedoch nicht mehr als Museum besichtigen kann. Kinderfreundlich macht dieses Kleinod der wirklich große und bestens ausgestattete Spielplatz, den man hier nicht vermuten würde. Bei schönem Wetter kann er sehr voll sein. Dafür können kleine Kinder auf breiten Kieswegen herumstaksen, und in einem kleinen Gastgarten an der Seite des Schlosses kann man zu fürstlichen Preisen etwas trinken. Doch bei aller Großzügigkeit gilt es zu beachten, dass die Rasenflächen nicht betreten werden dürfen. Damit ruft man nämlich einen echten Wiener Parkwächter auf den Plan.

Adresse Fürstengasse 1, 1090 Wien // **ÖPNV** S-Bahn S 40; Straßenbahn D, 33, 5, Station Franz-Josefs-Bahnhof; Straßenbahn D; Bus 40 A, Station Bauernfeldplatz // **Öffnungszeiten** Mo–So 7–19.45 Uhr // ab 1 Jahr

70_DER RUSTENSTEG

Der beste Platz zum Zügeschauen

Große, kleine, rote, blaue, schnelle, langsame … manche Kinder könnten stundenlang nur Zügen zuschauen. Ob es die Bewegung ist oder die Kraft, die von den großen Maschinen ausgeht? Ein besonders guter Platz dafür ist jedenfalls der Rustensteg. Zugegeben, die Gegend ist ein typisches Bahnhofsviertel und etwas entrisch. Tagsüber ist der Steg jedoch bei entsprechendem Wetter sonnig und bietet lohnende Aussicht sogar auf das Schloss Schönbrunn und die Gloriette.

Und natürlich auf die Züge der Westbahnstrecke. Auch die berühmten zweistöckigen City-Shuttles (»Wiesel-Züge«) mit ihrem aufgemalten Wappentier sowie die froschgrüne WESTbahn kann man hier bewundern. Der Rustensteg wurde 1990 gebaut und verbindet den nördlichen und südlichen Teil des 15. Bezirks Rudolfsheim und Fünfhaus. Diese sind durch das Westbahnhofgelände mit seinen riesigen Gleisanlagen, diversen Hallen, Ladeeinrichtungen und Bauwerken voneinander getrennt. Der Rustensteg ist 156 Meter lang. Die massive Stahlkonstruktion verleiht ihm zusätzlichen Bahnhofs-Charme. Er ist nur für Fußgänger passierbar.

In ferner Zukunft ist stadtplanerisch eventuell eine Überplattung geplant. Bis dahin kann der Anblick der Züge bei freier Aussicht vom Rustensteg aus genossen werden.

Interessant für »Öffi«-Fans: Neben der Bahnhofscity am Westbahnhof entsteht derzeit der erste autofreie IKEA!

> **TIPP:** Wer gern U-Bahn-Züge beobachtet, findet bei der Endstation der Linie U 4 in Hütteldorf ein wahres Paradies vor. Auf dem Bahnsteig kann man direkt beobachten, wie die Züge zum Wenden eingezogen werden und auf der anderen Seite wieder einfahren.

Adresse zwischen Felberstraße (gegenüber Nummer 70) und Avedikstraße 2 (gegenüber Nummer 13–17), 1150 Wien // **ÖPNV** U3, Station Schweglerstraße oder Westbahnhof; Bus 12 A, Station Schweglerstraße oder Grenzgasse // **Öffnungszeiten** rund um die Uhr // ab 1 Jahr

71_ DER SCHILDKRÖTENGARTEN

Wo die Zeit stehen bleibt

In den meisten Kindermärchen zeichnen sie sich durch besondere Weisheit aus: die Schildkröten. Dass diese Tiere scheinbar der Zeit trotzen können, zeigen sie nicht nur im berühmten Kinderbuch »Momo« von Michael Ende, sondern auch in den Blumengärten Hirschstetten. Dieser 60.000 Quadratmeter große Natur- und Erlebnispark hat so viel zu bieten, dass man hier gar nicht alles aufzählen kann: einen Streichelzoo, einen See, einen Original-Bauernhof aus dem Weinviertel oder den Schildkrötengarten.

Dieser ist in sieben Bereiche gegliedert, die mit niedrigen, mit Steinen gefüllten Zäunen voneinander abgegrenzt sind. Dazwischen gibt es Spazierwege und eine Aussichtsplattform. In jedem Bereich leben andere Schildkrötenarten: Land- und Wasserschildkröten, die Rotbaumschmuck- und die gefährdete Europäische Sumpfschildkröte. So viele, dass Sie garantiert bei jedem Besuch welche sehen. Haben sich einige in ihren Bauen verkrochen, sonnen sich andere auf einem Stein oder sind mit Baden oder Fressen beschäftigt. Es gibt einen großen Teich, Uferzonen, kleine Sümpfe, Futterpflanzen und sogar einen Schildkrötenkindergarten für die Jungtiere.

Durch einen Bambuswald ist der Schildkrötengarten praktischerweise vom Kinderspielplatz mit Riesensandkiste, in der Sie früher oder später garantiert landen, abgetrennt.

Adresse Eingang: Quadenstraße 15 oder Oberfeldgasse/Spargelfeldstraße, 1220 Wien, www.wien.gv.at/umwelt/parks // **ÖPNV** Bus 22 A, 95 A, 95 B, Station Blumengärten Hirschstetten; Straßenbahn 26, Station Spargelfeldstraße/Oberfeldgasse // **Öffnungszeiten** siehe Homepage // ab 1 Jahr

72_DIE SCHMALSTE GASSE

Zwei Arme breit in der Czapkagasse

Viele Legenden ranken sich um die schmalste Gasse Wiens. War dies früher die Wächtergasse, die nach der Nähe zur einstigen Stadtmauer benannt wurde, so ist sie an deren ehemaliger Stelle durch Umbauarbeiten gar nicht mehr sichtbar. Man muss sich also auf eigene Faust auf die Suche machen. Sowohl im 1. als auch im 7. Bezirk gibt es allerlei schmale Gässchen, doch kaum jemand kennt die Czapkagasse im 3. Bezirk nahe dem malerischen Rochusmarkt.

Biegt man vom Markt aus kommend in die Rasumofskygasse ein und nimmt die erste Abzweigung links, gelangt man nach der Siegelgasse und nach Überqueren der Salmgasse in die Verlängerung der Czapkagasse, die man wirklich die schmalste Gasse nennen kann. Sie ist nur so breit wie die ausgestreckten Arme eines Kindes – die eines Erwachsenen sind schon zu lang. Probieren Sie es mal aus! Dennoch handelt es sich um einen belebten Korridor, verkürzt er doch Anrainern den Weg zum Rochusmarkt. Damit man sich nicht fürchten muss, ist kürzlich eine neue Beleuchtung angebracht worden.

Wagt man sich hindurch, verbreitert sich die Czapkagasse wieder, und es wartet ein Spielplatz mit Trinkbrunnen, der nach einem ehemaligen Bürgermeister Wiens benannt ist, der sogar Ritter war: Ignaz Czapka Ritter von Wittgenstein. Sollte das Kind im Kinderwagen schlafen (und der Kinderwagen durch den Durchgang gepasst haben), kann man nach der Czapkagasse wieder links auf die Landstraßer Hauptstraße abbiegen und den Einkaufsbummel fortsetzen.

TIPP: Größere Kids, die lieber cool abhängen, können dies im neu errichteten Grete-Jost-Park am Ende des Postzentrums am Rochusmarkt machen – einfach durchgehen bis zu den zwei Hängematten.

Adresse Salmgasse zwischen Nummer 8 und 10, 1030 Wien // **ÖPNV** U3; Bus 4A und 74A, Station Rochusgasse // **Öffnungszeiten** rund um die Uhr // ab 1 Jahr

73_ DIE SCHÖNSTE ALLEE DER STADT

Auf den Spuren von Fürst Schwarzenberg

Wien hat mehrere prachtvolle Alleen zu bieten. Eine der interessantesten ist die Schwarzenbergallee. Sie ist 2,2 Kilometer lang und verläuft vom malerischen Neuwaldegg bis an die Wiener Stadtgrenze, wo der Schwarzenbergpark in den Wienerwald übergeht. Im Gegensatz zum Prater ist sie autofrei, jedoch asphaltiert, womit sie sich hervorragend für das Erlernen einiger Sportarten – vom Kinderwagenschieben über Laufradfahren bis hin zum Fahrradfahren oder Inlineskaten – eignet. Sie durchquert den Schwarzenbergpark und bietet damit eines der schönsten Naturerlebnisse Wiens. Am Wegesrand sieht man Blumenwiesen, Teiche und vereinzelte Statuen. Vorsicht, wenn es im Herbst lila leuchtet – auf den feuchten Wiesen blühen dann die krokusähnlichen Herbstzeitlosen, die giftig sind! Läuft man die ganze Allee entlang, begegnet man in der Mitte zwei Obelisken. Wer genau schaut, wird sehen, dass in einen der Name »KYSELAK« eingraviert ist. Josef Kyselak war ein Wienerwald-Liebhaber aus dem 19. Jahrhundert, der an mehreren Orten seinen Schriftzug hinterließ – ein Graffitivandale aus dem Biedermeier quasi.

Neben der Allee befinden sich zwei Waldspielplätze. Auf dem zentrumsnäheren kann man gut Fußball spielen, der am Ende der Allee liegt neben einem Grillplatz. Abenteuerlustige können hier nach Voranmeldung Würstel grillen. Und wer das Zeug zum Pfadfinder hat, kann mit der Buslinie 445 in Richtung Sofienalpe weiter in den Wienerwald fahren.

TIPP: An der Exelbergstraße 32 befindet sich das edle Ausflugslokal »Manameierei«. Die Preise sind hier etwas höher, dafür fühlt man sich wie in einem schwedischen Landhaus.

Adresse Beginn: Waldegghofgasse gegenüber Nummer 9, 1170 Wien // **ÖPNV** Straßenbahn 43; Bus 43 A, Station Neuwaldegg; Bus 43 A und 43 B, Station Linienamt/Neuwaldegg; Bus 445, Station Neuwaldegg (Anfang), Exelbergstraße/Parkplatz (Mitte) oder Rohrerhüttenweg // **Öffnungszeiten** rund um die Uhr, Anmeldung für den Grillplatz: MA 49, Tel. 01/4000-49000, post@ma49.wien.gv.at // ab 2 Jahre

74_ DAS SCHRÄGSTE KLETTERGERÜST

Wunderland hinter der Großstadtwand

Es ist ein bisschen wie in der Geschichte von »Alice im Wunderland«. Verlässt man die denkmalgeschützte, 1899 von Otto Wagner gestaltete Station der ehemaligen Stadtbahn (jetzt Linie U 4), kann man sich vor dem Gewimmel am Wiener Naschmarkt kaum retten. All das Gewusel in diesem an einen südländischen Markt erinnernden Viertel lässt nicht ahnen, dass sich nur ungefähr 100 Meter stadteinwärts von hier, hinter einer graffitibesprühten Blechwand, eine verschwiegene, 9.000 Quadratmeter große Oase befindet: der Alfred-Grünbaum-Park. Hat man die schwere Türe geöffnet und sich hinter die Mauer begeben, erkennt man die Stadt nur mehr an den gezackten Querschnitten der umliegenden Häuser.

Nach links führt ein von Bänken umsäumter Waldweg bis zum zweiten Ausgang in die Laimgrubengasse. Direkt gegenüber dem Eingang ist ein Ballspielkäfig. Kinder unter Teenageralter wenden sich am besten nach rechts. Kurz nach der WC-Anlage öffnet sich nach einem bekletterbaren F1-Boliden linker Hand eine riesige Wiese, die einen Picknickplatz, einen Rodelhügel, eine Seilbahn, eine Kletteranlage, einen Wasserspielplatz und viele Schaukeln bietet. Der Platz ist hier herrlich überschaubar, sodass Eltern sich auch mal in die Wiese setzen können, ohne Angst haben zu müssen, dass ihr Kind in die Stadt läuft.

Setzt man sich in die Nähe der Schaukeln, sieht man das Beste: die schräge, piratenschiffartige Kletteranlage vor den kerzengeraden Hauswänden.

Adresse Linke Wienzeile 24–32, 1060 Wien // ÖPNV U 4, Station Kettenbrückengasse // Öffnungszeiten Mo–Fr 9–17 Uhr, Info zum Rodelhügel bei Schneelage: Tel. 01/400097200 // ab 1 Jahr

75_ DAS SCHWIMMBAD HADERSDORF-WEIDLINGAU

Kinderfitness beim Wolf in Hawei

Dieses Bad besticht durch seine Überschaubarkeit, was mit kleineren Kindern ein Vorteil ist. Reist man mit der S-Bahn an, muss man zuerst durch die Station »Wolf in der Au«, ein Name, der sich möglicherweise von einem früheren Gasthaus herleitet oder noch geheimnisvollere Wurzeln hat. Per Bus klingt es schon harmloser, »Hauptstraße«, und an genau dieser liegt zwischen der Bushaltestelle und einem alten gelben Haus der unscheinbare Eingang eines der kleinsten, aber interessantesten Bäder Wiens: des Freibads Hadersdorf-Weidlingau.

Biegt man beim Kassenhäuschen um die Ecke, scheint tatsächlich die Zeit stillgestanden zu sein. Liegewiese, Umkleiden, eine Kantine mit überraschend großer, über Pommes hinausgehender, auch vegetarischer Speiseauswahl. Linker Hand ein klassisches Schwimm- und ein Babybecken. Bahnen schwimmen kann man wohl eher am Rande der Öffnungszeiten, denn ein eigenes Spielbecken für Jugendliche gibt es nicht – aber eine spiralförmige Wasserrutsche. Dafür hat man von den Liegestühlen einen direkten Blick auf das Babybecken, auch eine Bank daneben ist für eine stressarme Beaufsichtigung vorhanden. Die hölzerne Begrenzung auf dem Wall, der das Bad umschließt, ist eine Solaranlage, die das Wasser wärmt. Für ein weiteres Highlight muss man hinter dem Babybecken nach rechts auf die umzäumte Liegewiese einbiegen. Hier befindet sich sogar ein Mini-Fitnesscenter für Kinder mit Butterflygerät und Ruderbank!

Adresse Hauptstraße 41, 1140 Wien // ÖPNV Bus 50A, Station Hadersdorfer Hauptstraße // Öffnungszeiten Mo–Fr 9–20 Uhr, Sa, So 8–20 Uhr // ab 1 Jahr

TIPP: Biegt man in die dem Bad nächstliegende Quergasse (Badgasse) ein, gelangt man vor der Brücke über den Wienfluss zur Abfahrt zum Wientalradweg, der neben dem Wienfluss verläuft. Dieser ist je nach Witterung ein kleiner Bach, der aber auch zum reißenden Strom werden kann. In dieser Gegend lag früher die gefährlichste Stelle.

76_DAS SCHWINDEL-ERREGENDSTE MUSIKINSTRUMENT

Im Hochseilgarten Gänsehäufel

Es ist eines der lustigsten und am schwersten zu findenden Spielgeräte an einem Ort, der eigentlich ein einziger Riesenspielplatz für Kinder und Erwachsene ist. Das Wiener Gänsehäufel, eine in der Alten Donau liegende, bewaldete Sandinsel, die früher vor allem der Gänsezucht gedient haben soll, ist ein magischer Anziehungspunkt für Erholungsuchende. Zu Fuß oder mit einem Shuttlebus über eine Brücke leicht zu erreichen, bietet sie Schwimmgelegenheiten im Naturgewässer oder in Pools, außerdem zahlreiche (Liege-)Wiesen, Spielplätze, Erkundungspfade für Kinder, mietbare (Saison-)Kabinen, in denen man jedoch nicht übernachten darf, Snackbars und den ersten Hochseilgarten Wiens mit herrlichem Blick auf die Alte Donau.

Ab 1,10 Meter Körpergröße ist der Eintritt in den Hochseilgarten unter der Aufsicht Erwachsener erlaubt. Fürchten muss man sich nur wenig: Zunächst einmal bekommt man bei jedem Besuch neben Helm und Gurt auch eine Einführung, bei der das Hantieren mit den zwei bis drei Karabinern, an denen man hängen wird, genau erklärt wird. Die Parcours sind farblich markiert – der einfachste ist gelb. Wagt man sich in die Höhe, erklimmt man über eine Baumstumpf-Treppe den Aufstieg zum ersten Parcours. Hat man das Musikelement erreicht, schwingen dort unterschiedlich lange Klöppel gegen verschiedene Glocken und erzeugen so eine gangbare Melodie in luftiger Höhe.

TIPP: Einen Hauch von weiter Welt vermitteln die Hochhäuser auf der »Donauplatte« (U1, Station Vienna International Center). Dort kann man sich die berühmte UNO-City ansehen.

Adresse Moissigasse 21, 1220 Wien, Tel. 0699/81813039, www.hochseilklettergarten.at //
ÖPNV Bus 92 A, 92 B, Station Schüttauplatz; Bus-Shuttle im 10-Minuten-Takt von der U-1-Station Kaisermühlen bis zum Strandbad Gänsehäufel //
Öffnungszeiten in der Badesaison Mo–So 10–18.30 Uhr, je nach Wetterlage; Strandbad Gänsehäufel siehe www.gaensehaeufel.at //
ab 6 Jahre

77_DIE SEGEL- UND SURFSCHULE ANDREAS IRZL

Schiff ahoi an der Alten Donau

Als Österreich noch eine kleine Seemacht war, bauten die Urgroßeltern der Familie Irzl an der Alten Donau bereits Boote. In der Zeit zwischen den Weltkriegen begann die Familie dann auch, Boote für Ruder- und Segelpartien auf der Alten Donau zu vermieten. Jetzt befindet sich dort die Segelschule Andreas Irzl. Steht man im Abendsonnenschein am Wasser, kann man sich tatsächlich wie an einem großen See fühlen. Die Irzls hatten immer schon alles im Programm: sportliche Rennboote und leichte Segler, Regatta- und Motorboote; sogar ein Amphibienfahrzeug wurde hier gebaut. Heute gibt es die Möglichkeit, von April bis Ende September Boote zu mieten oder selbst segeln zu lernen.

Kinder lieben die gelben Tretboote mit den Rutschen, die auf dem Wasser schaukeln. Im Gelände der Segelschule gibt es ein Strandbuffet, sodass Familienmitglieder, die keinen Unterricht haben, hier im Schatten gemütlich etwas trinken und kleine Speisen essen können. Im Juli und August gibt es abseits des Bootsverleihs auch noch täglich Segelkurse für Kinder und Jugendliche, auf Wunsch auch als Ganztagesprogramm mit Mittagsverpflegung.

Wer schwimmen kann und nur baden will, findet ein Stückchen davor und dahinter Gratis-Badeplätze sowie die berühmten Plattformen, von denen man mit einer »A-Bombe« ins Wasser springen kann.

Adresse An der unteren Alten Donau 29, 1220 Wien, Tel. 01/2036743, www.irzl.at // ÖPNV U1, Station Alte Donau; Straßenbahn 25; Bus 93A, Station Kagraner Brücke // Öffnungszeiten Bootsvermietung: Mitte April – Ende Sept. täglich 10 – 19 Uhr, Segelunterricht und Kurse siehe Homepage und auf Anfrage // ab 5 Jahre

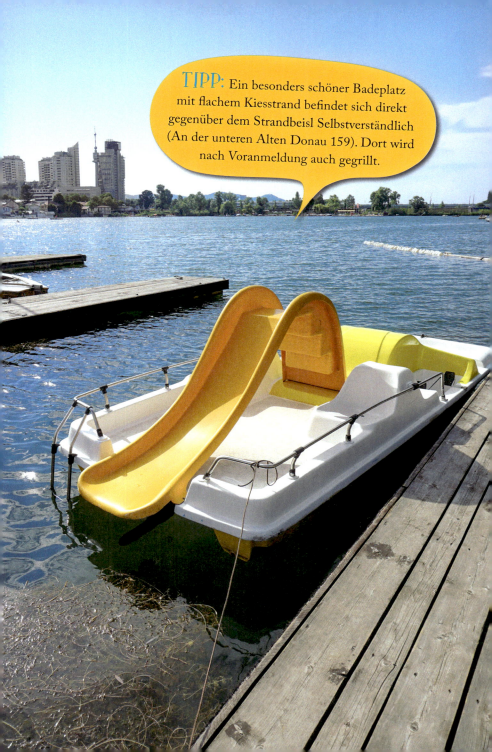

78_DIE SESSELREIHE IM VOLKSGARTEN

Sitzen wie der Kaiser

Spielplatz gibt es in diesem Park leider keinen – dafür eine andere Attraktion: die langen Reihen dunkelgrün-schwarzer Stühle. Im Volksgarten gibt es etwa 400 historische Eisensessel, streng in Reih und Glied aufgestellt. Man ist versucht auszuprobieren, welcher der bequemste ist. Früher war das teuer: Bis in die 1960er Jahre wurde Miete verlangt. Eine »Sesselfrau« wies Ruhebedürftigen ein – wie man in Wien sagt – »Platzerl« nahe den Rosen zu, für die der Park ebenfalls berühmt ist. Im Frühsommer blüht hier ein Rosenmeer von über 200 Sorten. Für fülligere Menschen gab es exklusiv zwei breitere Sessel. Heute ist das Sitzen gratis.

Streng wie die Sesselreihen sind auch die Alleen. Hier gibt es keine krummen Pfade. Der Volksgarten war nämlich für das Volk gedacht, im Gegensatz zum Burggarten auf der anderen Seite der Hofburg, wo der Kaiser wohnte und heute der Bundespräsident residiert. Dazwischen liegt der Heldenplatz, den ein zweiter, spiegelverkehrter Flügel der Hofburg umspannt hätte – wäre dem Kaiser nicht das Geld ausgegangen. Das Volk musste natürlich ein wenig überwacht werden. Dies gelang auf übersichtlichen Alleen besser als in lauschigen Naturgärten.

Der Theseus-Tempel, der aussieht wie von den alten Griechen erbaut, ist nur circa 200 Jahre alt. Im Klassizismus war es Mode, antike Gebäude nachzubauen. Was – wie die Autorin findet – hier ziemlich gut gelungen ist.

Adresse Ring, 1010 Wien (gegenüber U-Bahn-Station Volkstheater) // ÖPNV U2, U3; Straßenbahn 1, 2, 46, 49, 71, D; Bus 48A, Station Volkstheater // Öffnungszeiten April–Okt. 6–22 Uhr, Nov.–März 7–17.30 Uhr // ab 0 Jahre

79_DER SETAGAYA-PARK

Der Park der Weisen

Gleich beim Eingang steht das japanische Wort »furomon«, was bedeutet, dass man das »Paradies« betritt. Und das ist gar nicht so falsch. Tatsächlich ist dieses Kleinod, das aus der Partnerschaft zwischen dem Tokioter Stadtteil Setagaya und dem Wiener Bezirk Döbling entstanden ist, so etwas wie eine Miniaturform des Paradieses.

Zentrales Element ist hier das Wasser. Es fließt über mehrere Wasserfälle in einen kleinen See, der mit Kois, unglaublich vielen Goldfischen und sogar Schildkröten bevölkert ist. Im ruhigen Teil schwimmen Enten, manchmal schaut ein Reiher vorbei. Am sorgfältig bepflanzten Ufer findet man Schilf und eine Weide, deren Zweige tief ins Wasser hängen. Den Anblick kann man auf verschlungenen Wegen und einer schönen Holzbrücke – dem Pagodensteg – genießen. Dazwischen finden sich immer wieder geheimnisvolle Steinskulpturen, die auf der Schautafel beim Eingang erklärt sind. Folgt man dem Bachlauf vom Teehaus im unteren Bereich bis zum Quellstein am Ursprung der Quelle, soll dieser Weg einzelne Stadien des Bewusstseins symbolisieren.

Ein Besuch empfiehlt sich sowohl im Herbst, wenn diverse Rotdornsträucher in Gelb und Rot leuchten, als auch zur Kirschblütenzeit. Kinder können hier sogar ohne Spielplatz durchaus ein Stündchen mit Beobachten und Staunen verbringen. Eine Jause sollte man jedoch mitnehmen. Der untere Teil am Teich ist für Kinderwägen geeignet, zum Quellstein schaffen es aber nur die, die das Stadium des Gehens schon erreicht haben.

Adresse Hohe Warte 8, 1190 Wien // **ÖPNV** Straßenbahn 37; Bus 10 A und 39 A, Station Barawitzkagasse // **Öffnungszeiten** April und Sept. 7–20 Uhr, Okt. 7–19 Uhr, Mai–Aug. 7–21 Uhr, Nov.–März geschlossen // ab 1 Jahr

TIPP: Wunderbare Kirschblütenfotos kann man im Frühling nicht nur im Donaupark (siehe Ort 18) machen, sondern auch am Mexikoplatz, wo die blühenden Bäume einen rosaroten Durchgang bilden.

80_DIE SITZENDE GANS VON SIEVERING

Eine sehenswerte Statue

Eine der viel besungenen, berühmten Eigenschaften der Wiener ist deren »Gemütlichkeit«. Das Wort lässt sich schwer übersetzen und ist im Sinne von »friedlichem Wohlbehagen« vielleicht ein wenig mit dem dänischen »hygge« oder »hyggelig« vergleichbar. Die Wiener jedenfalls mögen diesen Charakterzug so sehr, dass sie ihm sogar ein eigenes Denkmal errichtet haben!

Im malerischen Stadtteil Sievering, auf der Sieveringer Hauptstraße, findet man auf Höhe der Karthäuserstraße die Statue einer sitzenden Gans. Zu dieser gibt es eine lustige Geschichte: Früher ruhte dort immer eine Gans namens Lilli auf den Schienen der ehemaligen Straßenbahn 39. Jedes Mal wenn die Bahn bei der Station Karthäusergasse vorbeikam, musste der Schaffner das Tier von den Schienen tragen. 1970 wurde die Straßenbahnlinie (wohl aus anderen Gründen) eingestellt, aber das Denkmal erinnert heute noch an die sitzende Gans von Sievering. Es wurde als Symbol der dörflichen Ruhe und Gemütlichkeit 1987 errichtet.

Sievering ist auf jeden Fall einen Besuch wert. Fährt man mit dem Bus 39 A bis zur Endstation Sievering, fühlt man sich tatsächlich wie in einem Dorf am Rande des Wienerwalds. Man kann von hier aus ein paar hundert Meter bis zum schmalen Rehgassl spazieren, ein wenig in den Wald hineingehen, nach Tieren Ausschau halten und mit dem Bus wieder zurückfahren.

Adresse Sieveringer Hauptstraße, in Höhe Bushaltestelle Karthäuserstraße, 1190 Wien // **ÖPNV** Bus 39 A, Station Karthäuserstraße // **Öffnungszeiten** rund um die Uhr // ab 1 Jahr

81_ DER SKATEPARK IM PRATER

Was der Beton hergibt

So war er gedacht, der Prater, als Wiese für alle, und so ist er tatsächlich. Neben joggen, spazieren gehen und reiten kann man hier natürlich auch skaten. Im ersten Drittel der Hauptallee, ungefähr gegenüber der Rückseite des berühmten Wirtshauses »Schweizerhaus«, befindet sich die älteste Skaterbahn Wiens. Sie liegt direkt neben der Hauptallee und ist mit allem, was Räder hat, ganz bequem zu erreichen. Der Skatepark wurde 2014 unter Mitwirkung von Skatern und BMX-Fahrern umgestaltet und hat jetzt auf 800 Quadratmetern ziemlich viel zu bieten. Anlauf nehmen kann man über drei verschieden hohe Ebenen. Die Endrampen sind mit einer Quarterpipe ausgestattet, dazwischen gibt es Ledges, Loops, Low-to-high-Curbs und auch sonst alles, was der Beton hergegeben hat: Obstacles wie Banks, Pennies oder Rails.

Um ausreichend Licht im Park zu gewährleisten, und damit man sich auch am Abend sicher fühlt, wurde die Parkbeleuchtung gegen eine neue LED-Beleuchtung ausgetauscht.

Die Anlage ist für sämtliche Rollsportarten geeignet und bietet sowohl für Anfänger als auch für geübte Fahrer etwas, und das ist das Schöne hier. Rollerfahrende Kinder neben der Halfpipe mischen sich mit echten Pros, die waghalsige Sprünge machen. Zuschauer sind natürlich auch willkommen. Hin und wieder gibt's hier Contests.

TIPP: Spaziert man auf der Hauptallee 200 Meter weiter, gelangt man zum Zirkuswiesenteich. Hier leben Enten und Schildkröten, die sich an warmen Tagen auf dem Inselstein sonnen.

Adresse Rustenschacherallee 1, 1020 Wien // **ÖPNV** U1, U2; S-Bahn S1, S2, S3, S4, S7; Straßenbahn O, 5, Station Praterstern; Straßenbahn 1, Station Prater Hauptallee // **Öffnungszeiten** rund um die Uhr // ab 3 Jahre

82_DAS SPIEGELKABINETT IM SCHLOSSQUADRAT

Lachen in Margareten

Kinder mögen Zerrspiegel. Sie ziehen den Körper in die Länge, machen aus Schlanken eine schneemannförmige Figur oder lassen den Kopf in der Luft schweben. Eine Sammlung von sehr lustigen, öffentlich zugänglichen Zerrspiegeln befindet sich im Durchgang des Schlossquadrates. Das Schlossquadrat ist ein Gebäudekomplex am Margaretenplatz, der aus mehreren Häusern und deren Innenhöfen besteht. Man kann von hier aus bis zur Ecke Hofgasse/Schlossgasse durchgehen. Das »Schloss Margareten« war einst ein Gutshof – die ersten Datierungen reichen bis ins 14. Jahrhundert zurück – und ist nicht zu verwechseln mit dem »Margaretenhof«, einem ebenso eindrucksvollen klassizistischen Wohnhausbau schräg gegenüber.

Die Gegend um den Margaretenplatz und das Schlossquadrat stellt den historischen Kern des 5. Bezirks dar. Man findet dort Design-Shops und eine neue Food-Szenerie, ein Eisgeschäft und einen netten Brunnen, an dem man im Sommer sitzen kann. Das Schlossquadrat mit seinen idyllischen Innenhöfen ist autofrei und vor allem im Sommer sehr nett zum Verweilen. Betritt man den Durchgang am Margaretenplatz 2, direkt neben der Hausnummer Margaretenstraße 77, durchquert man zuerst den Gastgarten des Lokals »Quadro«. Direkt danach gelangt man auf den Platz mit den lustigen Zerrspiegeln.

Adresse Margaretenplatz 2–3, 1050 Wien // ÖPNV U4, Station Pilgramgasse; Bus 12 A, 13 A, Station Margaretenplatz/Schönbrunner Straße; Bus 12 A, 59 A, Station Margaretenplatz // Öffnungszeiten rund um die Uhr // ab 1 Jahr

TIPP: Im Bistro Erbsenzählerei (Pilgramgasse 2) gibt es wochentags köstliches, zu 100 Prozent selbst gekochtes Bio-Essen! Tipp der Autorin: die Erbsensuppe.

83_DIE STEFANIE-WARTE

Der schönste Blick in die Stadt

Schon für Kaiserin Sisi war der Kahlenberg ein magischer Ort. Davon zeugt noch die »Kaiserin-Elisabeth-Ruhe«, ein Denkmal, an dem man vorbeikommt, wenn man das Weglein einschlägt, das gegenüber der St.-Josef-Kirche beim Andenken an die Schlacht am Kahlenberg weiter bergauf auf die Bergkuppe führt. In 484 Metern Höhe sieht man zwar bereits von hier sehr schön auf die Stadt, dies lässt sich jedoch steigern. Circa zehn Gehminuten weiter steht nämlich eine 22 Meter hohe Aussichtswarte, von der aus man bei guter Sicht einen atemberaubenden Blick bis in die Slowakei, zum Schneeberg und zu den Windrädern am Neusiedlersee hat. Gestiftet wurde sie von Sisis Schwiegertochter Kronprinzessin Stephanie, Gattin von Kronprinz Rudolf, der sich in Mayerling erschoss.

Spaziert man den Weg hinauf, erspäht man noch vor der Warte eine umzäunte Fernsehantenne, die hoch in den Himmel ragt. Dieser »Kahlenbergsender« ermöglichte das erste Fernsehen für die Wiener und ist immer noch in Betrieb. Direkt daneben steht die Stefaniewarte, die renoviert und 2017 neu eröffnet wurde. Für Nicht-Schwindelfreie oder Eltern kleiner Kinder ist dieser einer der bequemsten Aussichtstürme. Die Stiege öffnet sich nämlich in einen verglasten Teil, durch den man auch in die Ferne sieht, aber Wind und Höhe nicht spürt. Ist man bereit für ein echtes Höhenerlebnis, kann man die Plattform betreten, von der aus der nahe Fernsehturm übrigens aussieht wie eine skurrile Raumstation.

Adresse Am Kahlenberg, 1190 Wien, Tel. 01/8936141 // **ÖPNV** Bus 38A, Station Am Kahlenberg // **Öffnungszeiten** Sa 12–18 Uhr, So 10–18 Uhr // ab 3 Jahre

84_ DER STEILSTE BLICK AUF DIE DONAU

Blick über Wien von der Eisernen Hand

Sie ist nach der Gastwirtschaft »Zur eisernen Hand« benannt, die sich am Ende des 19. Jahrhunderts hier befand. Wenn der Aussichtsweg vom Kahlenbergerdorf auf den 425 Meter hohen Leopoldsberg aufgrund seiner Form und Steilheit Nasenweg heißt, so befindet man sich hier quasi auf den Nasenflügeln. Und von hier aus hat man den eindrucksvollsten Blick auf die viel besungene schöne blaue Donau, die Hochhäuser am Horizont und das alte Kahlenbergerdorf.

Das malerische Dorf liegt nicht am Kahlenberg, sondern am Fuße des Leopoldsberges. Es ist nach dem Geschlecht der Chalenperger benannt, die hier im 12. Jahrhundert Wein und Obst anbauten. Der Sage nach verursachte ein früher und nasser Herbst im Jahr 1331 eine solche Missernte, sodass den Bauern der Wein ausging und sie keine Besucher mehr in ihr Dorf locken konnten. Also ersannen sie einen »Schmäh« (wienerisch für Spaß, List): Mit der Frage, ob sie schon einmal einen Menschen hätten fliegen sehen, stieg der Pfarrer des Kahlenbergerdorfes auf das von hier aus gut sichtbare spitze Kirchendach. Dann ging er von dort die Treppe hinunter und verkündete, sie würden auch in Zukunft niemanden fliegen sehen. Zuerst brach wütender Tumult aus, dann begannen die Menschen zu lachen – und hatten das Dorf immerhin besucht.

Derart »schmähstad« (wienerisch für verblüfft) kann man die steile Gasse bis zum Heurigen Hirt hinunterspazieren und sich am Anblick der Donau freuen.

Adresse Eisernenhandgasse, 1190 Wien // **ÖPNV** Bus 38A, Station Kahlenberg, dann dem Stadtwanderweg 1a folgen // **Öffnungszeiten** rund um die Uhr // ab 3 Jahre (Wege kinderwagengerecht, aber teilweise sehr steil; gute Bremsen empfehlenswert!)

TIPP: Wer hungrig wird, kehrt beim Heurigen Hirt in der Eisernenhandgasse 165 ein und genießt den Donaublick von der Terrasse aus weiter.

85_ DIE STEINHOF-GRÜNDE

Immer gut Kirschen essen

Ein Krankenhausgarten mit schönen Wiesen rundherum: Das waren noch Zeiten, als die Seele der Patienten so mitbedacht wurde! Die Steinhofgründe gehörten zum Otto-Wagner-Spital, dessen psychiatrische Abteilung man einfach nur »Steinhof« nannte. Sie sollten 1981 verbaut werden. Zum Glück stimmten Tausende dagegen, und so blieb das Areal Erholungsgebiet.

Irgendetwas Schauriges haben Krankenhäuser und ihre Umgebung doch meistens. Beim Betreten der Steinhofgründe durch das Tor bei der Feuerwache Steinhof fallen am Beginn der Allee die in Baumgruppen versteckten Steinmonumente auf. Ob das wohl Kriegsrelikte sind? Tatsächlich handelt es sich um Reste einer Materialseilbahn, die vor 100 Jahren Baumaterial und Wäsche für das Krankenhaus transportierte. Jetzt stehen sie inmitten von saftigen Picknickwiesen, auf denen man im Frühling bei Wienerwaldblick im hohen Gras versinken kann.

Die Allee ist von Kirschbäumen gesäumt, was den Besuch im Frühsommer besonders attraktiv macht. Im Herbst bietet sich an, hier einen Drachen steigen zu lassen. Im Winter wird eine Langlaufloipe gespurt. Durch den Wald gelangt man zur Otto-Wagner-Kirche. Ursprünglich Anstaltskirche für psychisch kranke Patienten – was an Details im Innenraum erkennbar ist –, zählt sie mit ihrer zitronenförmigen goldenen Kuppel, nach der ihre Anhöhe auch »Lemoniberg« genannt wird, zu den außergewöhnlichsten Kirchen Wiens.

Adresse zwischen Johann-Staud-Straße und Heschweg, an die Baumgartner Höhe angrenzend, 1140 Wien // **ÖPNV** U3, Station Ottakring; Bus 46 A, 46 B, Station Feuerwache Steinhof // **Öffnungszeiten** Mo–So 6.30–21 Uhr // ab 2 Jahre

86_DER STERNENGARTEN GEORGENBERG

Im Freiluftplanetarium

Aus der Ferne sieht sie aus wie ein futuristisches Land-Art-Projekt. Eine riesengroße CD auf einem hohen Turm. Was es damit auf sich hat, erkennt man, wenn man an der Wotrubakirche vorbei einem leicht hügeligen Waldweg folgt, an dem sich noch Reste einer riesigen Nazi-Kaserne aus dem Zweiten Weltkrieg befinden, deren Überbleibsel auch der Pappelteich (siehe Ort 67) ist. Nach circa drei Minuten erreicht man eine große Lichtung mit Aussicht auf den Wienerwald – hier befindet sich das Freiluftplanetarium Georgenberg.

Ein wenig rätselhaft ist die Atmosphäre, erkennen doch nur Sternenkundige das Monument auf den ersten Blick. Es besteht aus einem pyramidenähnlichen Sockel, einer schiefen Ebene, einem Schrägmast und zwei bis zu 17 Meter hohen Säulen. Auf einer ist die CD-förmige Sonnenscheibe befestigt. Man muss sich einen sonnigen Tag aussuchen, damit es auch richtig funktioniert. Dann aber wirft die Scheibe – je nach Jahres- und Tageszeit – ihren Schatten genau auf das richtige Datum beziehungsweise Tierkreiszeichen auf dem Schrägmast, der parallel zur Erdachse steht.

Die Intention des Gründers war, jedermann die eigenständige Erforschung der »oberen Hälfte« der Welt zu ermöglichen. Tipp: Nachtführung buchen!

Adresse Sternengarten Georgenberg, 1230 Wien, www.astronomisches-buero-wien.or.at, Tel. 01/8893541 // **ÖPNV** Bus 60A, Station Kaserngasse oder Lindauergasse, danach jeweils 10 Minuten Fußweg zur Wotrubakirche // **Öffnungszeiten** rund um die Uhr // ab 4 Jahre

TIPP: Die Wotrubakirche wurde 1974 erbaut. Ihre eigenwillige Architektur besticht durch riesige Betonquader, die teilweise von Kindern beklettert werden dürfen. Im Inneren befinden sich Glasfenster, die besonders bei Sonneneinfall sehr schön leuchten.

87_ DAS STRANDBAD STADLAU

Natur pur

Dieses idyllische Bad ist ein echter Geheimtipp. Statt Chlorwasser und überfüllter Sprungtürme findet man hier Ruhe und Erholung – und Naturwasser. Man badet im Mühlwasser, einem Altarm der Donau. Dessen Badequalität wird regelmäßig überprüft. Von der Sauberkeit des Wassers zeugen auch die vielen kleinen Fische, die sich im seichten Bereich tummeln und die man hier gut beobachten kann, da das Wasser nicht sehr sedimentreich ist. Möglicherweise liegt die hervorragende Wasserqualität am Schilfbewuchs an den Rändern.

Seit 1911 gibt es dieses Naturbad schon, und hier sieht es immer noch aus wie in unserer Kindheit. Es wurde damals aufgrund des herausragenden Erfolges des Gänsehäufels (siehe Ort 76) errichtet. Eine große Wiese erstreckt sich bis zum Wasser mit flachem Einstieg, was ideal für das Baden mit kleinen Kindern ist. Bojen trennen den Nichtschwimmer- vom Schwimmerbereich. Weiter hinten befindet sich ein Kiosk für Eis und Kaffee. Für Kinder gibt es eine Sandkiste und einen Beachvolleyballplatz.

Im hauseigenen Restaurant Stranddomizil kann man nicht nur zu kinderfreundlichen Zeiten – täglich von 7–11 Uhr – frühstücken, sondern auch abends bis 22 Uhr ausgezeichnet essen. Direkt von der Terrasse hat man einen wunderschönen Blick bis zum Wasser. Sehr zu empfehlen ist – wie könnte es anders sein – der gegrillte Fisch!

TIPP: Im Park gleich nebenan gibt es ein großes, bekletterbares Holz-Mühlrad. Es erinnert an alte, mit Donauwasser betriebene Mühlen, die sich bis 1930 hier befanden.

88_DAS SUP-CENTER
Karibikfeeling in Wien

Ein bisschen ist es ja wie bei den Kindern: Zuerst liegen sie auf dem Bauch, dann knien sie, schließlich stehen sie auf. So ähnlich geht es einem Anfänger auf dem Stand-up-Paddling-Brett. Dennoch erfreut sich dieser Sport gerade bei Teenies immer größerer Beliebtheit. Nirgends kann man nämlich so gute Bilder von sich im Bikini machen, auf denen man fast aussieht wie Cameron Diaz.

Im SUP-Center (Stand-up-Paddling-Center) am Vienna City Beach Club an der Neuen Donau ist man für zehn Euro in der Happy Hour bereits dabei. Ticket und Kajak werden online gebucht. Vor Ort zeigt einem in der Hütte mit der Ausrüstung – von Weitem erkennbar an der orangefarbenen Flagge – ein Instruktor das Wichtigste. Man kann die komplette Ausrüstung leihen und ganz unkompliziert mit Bankomatkarte bezahlen.

Auch beim Einstieg ins Wasser wird geholfen. Vorkenntnisse sind keine erforderlich – 95 Prozent der Neulinge fallen beim ersten Versuch nicht ins Wasser. Die Neue Donau – entstanden beim Aushub der Donauinsel – ist ein stehendes Gewässer mit einer kaum wahrnehmbaren Strömung. Man muss daher keine Angst haben, abgetrieben zu werden. Wer nicht paddeln will, kann hier auch eines der im Wasser schaukelnden Lokale besuchen, Beachvolleyball spielen oder – ab dem Schwimmflügelalter – schwimmen. Für ganz Kleine ist der Einstieg hier zu steil. Wichtig: eine Kappe. Analog zur Karibik gibt es hier nämlich nur wenig Schatten.

TIPP: Circa zwei Kilometer stromaufwärts (in Richtung Kahlenberg), nach der Reichsbrücke, befindet sich mit dem CopaBeach eine weitere Beach-Landschaft mit chilligen Lokalen und dem Fahrradverleih CopaCagrana.

Adresse SUP Center Vienna City Beach Club, Neue Donau Mitte, 1220 Wien, www.supcenter-wien.at, www.supcenter-wien.at/booking, Tel. 0699/18329233 // **ÖPNV** U2, Station Donaustadtbrücke (800 Meter Fußweg); U1, Station Kaisermühlen Vienna International Center; Bus 92 A, 92 B, Station Neue Donau Mitte // **Anfahrt** A22 Abfahrt Kaisermühlen bis zum Parkplatz Kaisermühlen-Donauinsel // **Öffnungszeiten** bei Badewetter 10–20 Uhr, nach telefonischer Anfrage, weitere Informationen auf der Homepage oder Facebook-Seite »Stand-Up-Paddling und Kajak Center Wien« // ab 8 Jahre

89_DIE SÜSSESTE AUSLAGE DER STADT

Die Reste des Teddybären-Museums

Lugen, das bedeutet so viel wie anschauen. Und das kann man am Lugeck besonders gut. Was genau gibt es denn hier zu sehen? Nun, es geht um die Helden, die in der Geschichte der Menschheit sicher die meisten Geheimnisse anvertraut bekommen haben: klassische Teddybären. Sie wurden umarmt, geknuddelt, falsch gewaschen – vielleicht wurde dem ein oder anderen mal ein Ohr abgerissen. Auch die größeren Kinder lieben sie seit eh und je.

1996 eröffnete ein privates Teddybärmuseum am Wiener Judenplatz. Es beherbergte historische Teddys aus der ersten Hälfte des 20. Jahrhunderts aus feiner Mohairwolle, mit Schuhknopf- oder Glasaugen, teils im Originalzustand, teils mit Spuren jahrzehntelanger Liebkosungen. Es waren Teddys in allen Größen, vom wenige Zentimeter kleinen Zwerg bis zum meterhohen Hünen. Leider schloss das Museum seine Pforten 2011 für immer. Für Teddybärenfreunde bleiben jedoch sowohl das virtuelle Museum als auch der Schaukasten am Lugeck weiterhin bestehen.

Der Teddybärenkasten gehört zur Galerie Ambiente und bietet den Kuscheltieren Unterschlupf. Ein Besuch lohnt sich – sie sind liebevoll angeordnet und vermitteln bei näherem Blick sogar eine kluge Botschaft. Dass Freunde das Wichtigste sind etwa. Oder dass man sich hin und wieder mit einer Gitarre in einen Cadillac setzen und aufs Land fahren soll.

TIPP: Aktuell wird die Rotenturmstraße als Begegnungszone umgebaut – Teddys würden hier glatt flanieren.

Adresse Am Lugeck 1–2, 1010 Wien, www.teddybear.org, www.ambientegalerieambiente.at //
ÖPNV U1, U3, Station Stephansplatz; Bus 2A, Station Rotenturmstraße //
Öffnungszeiten rund um die Uhr //
ab 1 Jahr

90 _ DAS THERESIENBAD
Schwimmen wie die alten Römer

Der Mann aus Bronze vor dem Eingang macht das ganze Jahr über einen Köpfler. Dennoch: Manchmal möchte man kein Wasserrutschen-Halligalli, sondern ganz einfach in Ruhe mit seinem Kind schwimmen, ohne fürchten zu müssen, dass einem jemand auf den Kopf springt. Im Wiener Theresienbad werden täglich Bahnen zum Längenschwimmen abgetrennt. Für kleine Gäste gibt es ein Kleinkinderbecken mit abfallender Tiefe und bequemen Sitzplätzen für die Aufsichtsperson rundherum. Wochentags hat man es auch schon mal für sich allein.

Das Theresienbad ist das älteste Schwimmbad Wiens und hat eine unglaubliche Geschichte: Bereits in der Römerzeit war hier eine Schwefelquelle bekannt; später schwamm Kaiserin Maria Theresia im Bad des ehemaligen Meidlinger Schlosses. Zehn Jahre später wurde in ihm eine Wollfabrik eingerichtet, sodass Schafe auf dem Gelände lebten. Schließlich stand hier um 1800 ein Theater mit 600 Plätzen.

Seit 1965 wird hier wieder geschwommen, und zwar winters in der lichtdurchfluteten Halle, sommers zusätzlich im Sommerbad. Dann nutzt man die große Liegewiese, ein Refugium im Vergleich zur stark befahrenen Ruckergasse daneben. Natürlich kann man im Theresienbad ganzjährig auch Schwimmunterricht für sich und sein Kind buchen. Bemerkenswert ist, dass es für Menschen mit besonderen Bedürfnissen spezielle Hebelifte bei den Schwimmbecken, aber auch einen barrierefreien Kinderspielplatz gibt.

Adresse Hufelandgasse 3, 1120 Wien, Tel. 01/8134435, Info und Kursangebote öffentlicher Bäder Wiens: www.wien.gv.at/freizeit // ÖPNV U4; Bus 7A, 9A, 10A, 15A, 63A, Station Meidling Hauptstraße // Öffnungszeiten Di – Fr 9 – 19 Uhr, Sa, So 9 – 18 Uhr // ab 4 Jahre

91_ DIE TIEFSTE KREUZUNG WIENS

Durch die hohle Gasse

Schon die Fahrt hierher ist ein Erlebnis. Wer ahnt schon, dass wir uns am Beginn der Alpen befinden? Das andere Ende bei Nizza ist mehr als 1.000 Kilometer entfernt, doch mediterranes Flair kann man auch hier, am Fuße des Bisambergs, erleben, zum Beispiel an der Ecke Clessgasse/Krottenhofgasse. Meterhoch ragen die rötlichen, für den Weinbau günstigen Erdwände links und rechts des mit Buschwerk überwachsenen Hohlweges auf, und im Sommer ist es hier gleich einige Grad kühler als in der Stadt.

Als Kind ist man klarerweise immer ein wenig »außen vor«, wenn Erwachsene von Wiens gutem Wein schwärmen. Doch ein Besuch in den Kellergassen am nördlichen Rand von Wien wird auch Kindern Spaß machen, handelt es sich doch um eine magisch aussehende Gegend, wie einem Harry-Potter-Roman entsprungen, und für Magisches sind Kinder immer zu haben. Aus der Krottenhofgasse biegt die Clessgasse ab, und diese Kreuzung ist wohl als tiefste Kreuzung Wiens zu bezeichnen.

Die schattigen, aus meterhohen Gesteinsstufen geformten Wege entstanden, als Weinbauern hier ihre Keller direkt in den Lehmboden bauten. Heutzutage stehen viele Keller leer und bilden eine romantisch-geisterhafte Kulisse zum Träumen.

Die am Weg liegenden Buschenschanken bieten guten Traubensaft und einfache, aber umso schmackhaftere Gerichte. Viele der Betriebe haben nach hinten hinaus einen lang gestreckten Garten.

Adresse Kreuzung Krottenhofgasse/Clessgasse, 1210 Wien // **ÖPNV** Straßenbahn 30, 31, Station Stammersdorf; Bus 30 A, Station Freiheitsplatz, von dort circa 3 Kilometer zu Fuß // **Öffnungszeiten** rund um die Uhr // ab 2 Jahre (geländegängiger Kinderwagen empfohlen)

92_ DER TISCHTENNISPLATZ IM SCHWEIZERGARTEN

Tischtennis an historischem Ort

Die Ausrüstung passt in jeden Rucksack. Auch in kleinsten Parks findet sich bisweilen eine Tischtennisplatte, viel Spaß macht es beispielsweise im Schweizergarten.

Die Parkanlage im 3. Bezirk wurde zu Ehren der Schweizer benannt, die nach dem Ersten Weltkrieg großzügige Mittel an das kriegsgeplagte Österreich schickten. Die zwei Tischtennisplatten stehen genau in der Mitte des Parks, beim Spielplatz auf der Fläche, unter der die S-Bahn-Trasse in der Erde verschwindet. Diese Geländekante nahe des Landstraßer Gürtels war Teil des Linienwalls, einer ehemaligen Befestigungsanlage der Vororte Wiens, die bis zum Ende des 19. Jahrhunderts bestand.

Dem Militär gehörte auch das Arsenal, das mächtige Backsteinmonument hinter dem Schweizergarten. Diese historistische Verteidigungsanlage sollte an ein maurisches Schloss erinnern und kann anhand des Arsenalturms leicht geortet werden. Heute befinden sich in ihr zum Glück nur noch das Heeresgeschichtliche Museum sowie Wohnungen und ein Restaurant. Das Staatsgründungsdenkmal im Schweizergarten gemahnt an den Wert der Demokratie. Friedlichen Ursprungs sind die Denkmäler für den Anthroposophen Rudolf Steiner, Frédéric Chopin oder einen ballspielenden Elefanten. Wer an anderen Orten Tischtennis spielen möchte, findet auf der Website der Stadt Wien alle dazugehörigen Tische.

Adresse Eingang: Ecke Landstraßer Gürtel/Arsenalstraße, gegenüber Landstraßer Gürtel 1, 1030 Wien, www.wien.gv.at/umwelt/parks // **ÖPNV** Straßenbahn 18, 0, D; S-Bahn S 1, S 2, S 3, S 4, Station Quartier Belvedere // **Öffnungszeiten** immer zugänglich // Tischtennis ab 8 Jahre, Park ab 3 Jahre

TIPP: Schon mal ein Schiff auf einem Hausdach untergehen sehen? Wer das nicht verpassen will, sucht die Vitrinen mit der antiken Säule und dem Torso kurz nach dem Eingang des Parks auf und blickt in Richtung Landstraßer Gürtel.

93_DER TOBOGGAN
Die älteste Holzrutsche der Welt

Betrachtet man den Wiener Wurstelprater, also den Teil des Praters, der von Rummelplatz, Karussells und Spielfahrzeugen geprägt ist, kann einem schon mal etwas mulmig zumute werden. Es gibt hier viele Spielgeräte, mit denen man abenteuerlich durch die Luft geschleudert wird. Doch der Prater hat auch etwas Ruhigeres zu bieten und vor allem etwas Historisches: Mit dem »Toboggan« befindet sich dort die älteste Holzrutsche der Welt! Der weiße Holzturm ist weithin sichtbar und am Abend schön beleuchtet. Er steht unter Denkmalschutz. Auf ihm rutscht man auf Jutesäcken, und zwar auf einer Strecke von über 100 Metern! Man besteigt ihn praktischerweise per Förderband oder über eine Treppe.

Der 25 Meter hohe Holzturm hat eine bewegte Geschichte: 1913 wurde er im Wiener Prater erstmals eröffnet, brannte während des Zweiten Weltkriegs vollständig ab und wurde 1947 originalgetreu wiederaufgebaut. Im Jahr 2000 war seine Existenz gefährdet. Doch der Besitzer brachte es nicht übers Herz, den Turm verfallen zu lassen. Denn immerhin gibt es eine solche Holzrutschbahn kein zweites Mal auf der Welt.

Seit 2009 ist der Toboggan generalsaniert wieder für große und kleine Besucher zugänglich. Rund 22 Kubikmeter Lärchen- und Fichtenholz aus der Steiermark wurden für die Rutsche verarbeitet. Und so wie es aussieht, wird es ihn sicher noch weitere 100 Jahre geben!

TIPP: Eine ziemlich hohe Rutsche für Kinder jenseits des Kleinkindalters befindet sich eine S-Bahn-Station vom Praterstern (Station Traisengasse) entfernt im Allerheiligenpark.

Adresse Prater 7, 1020 Wien // **ÖPNV** U 1, U 2; S-Bahn S 1, S 2, S 3, S 4, S 7; Straßenbahn 5, O; Bus 80 A, Station Praterstern // **Öffnungszeiten** 15. März – 31. Okt. 11 – 23 Uhr, ansonsten 14 – 20 Uhr (nur bei Schönwetter) // ab 8 Jahre (gemeinsam mit einem Erwachsenen ab 6 Jahre)

94 DIE TORTENRALLYE AUF SISIS SPUREN

Tiere und Torten im Lainzer Tiergarten

Bei »Tiergarten« denken alle Kinder zunächst mal an den Zoo. Ein Naturschutzgebiet, in dem es außer Waldtieren nur frei laufende Wildschweine gibt, könnte manchen Kindern langweilig erscheinen. Doch der Weg vom Lainzer Tor bis zur Hermesvilla lockt auch weniger Naturinteressierte hinaus, wenn man ihn als Tortenrallye gestaltet.

Dafür wandert man vom Lainzer Tor aus circa zehn Minuten die Allee entlang, bei der links der Spielplatz, rechts das Damwildgehege lockt, und hält sich bei der ersten Abzweigung rechts. Den Schildern folgend, erstrahlt nach einigen weiteren Minuten Gehzeit zwischen den Wiesen schon die Hermesvilla, das Jagdschloss, das Kaiser Franz Josef einst für Sisi bauen ließ. Hier gibt es ein Restaurant mit warmer Küche und Eis – und das im »Sisi-Stil« wohl ==romantischste Klo Wiens==. Im Restaurant kauft man ein Stück Sachertorte »zum Mitnehmen« und gestaltet den Rückweg als Torten-Schnitzeljagd: Bei jeder Holzbank dürfen die Kinder ein Stück verspeisen. Wenn auch die Natur eher ein Genuss der Eltern bleibt, so können Ältere diesen Teil des »gezähmten Wienerwalds« mit seinen naturbelassenen Wiesen durchaus genießen. Sollte man übrigens plötzlich ==einem Wildschwein gegenüberstehen==: Ruhe bewahren und unbedingt zurückziehen! Auf keinen Fall aus der Nähe fotografieren, wie es die Autorin versucht hat. Die Tiere können mit 50 Kilometern pro Stunde galoppieren und mit ihren Stoßzähnen einen Erwachsenen umwerfen.

Adresse Lainzer Tor, Hermesstraße 13, 1130 Wien, www.lainzer-tiergarten.at // **ÖPNV** Bus 55 A, Station Lainzer Tor // **Öffnungszeiten** Lainzer Tor: 8–17 beziehungsweise 19.30 Uhr, je nach Jahreszeit; Hermesvilla: Ende März–Anfang Nov. Di–So und Feiertage 10–18 Uhr (www.hermes-villa.at) // ab 3 Jahre

95_DAS UHREN-MUSEUM

Kleine Uhren machen tick, tack …

»Was fasziniert Kinder bloß an einem Uhrenmuseum?«, könnte man sich fragen. Dann hat man noch nicht erlebt, wie die Uhren alle angeworfen werden, wie es klingt und tönt und spielt und läutet, wie die Kuckucke aus ihren Gehäusen springen. Es soll Kinder geben, die wöchentlich zum Tanzen hierherkommen!

Zu jeder vollen Stunde tönt das Läuten, Spielen und Schlagen durch die drei Stockwerke eines der ältesten Häuser Wiens. Zwischendurch tickt und tackt es ununterbrochen fröhlich-beruhigend vor sich hin. Und wie im Kinderlied kann man von den größten bis zu den kleinsten allen Uhren lauschen, die man sich vorstellen kann. Ganz unten im Erdgeschoss des Museums befinden sich die ganz großen. Was wie ein Schmiedekunstwerk der alten Ritter aussieht, ist die Turmuhr des Stephansdoms von 1699, ein tonnenschweres Werk, das fast einen ganzen Raum einnimmt.

In den beiden Stockwerken darüber kann man sogenannte Bilderuhren aus dem Biedermeier bewundern, in alte Bilder eingebaute Uhrwerke. Vom 18. bis in die Mitte des 19. Jahrhunderts war Wien ein Zentrum der Uhrenproduktion. Natürlich findet man hier auch Sonnenuhren, Kuckucksuhren, aufziehbare Spieluhren, ein völlig geräuschloses Uhrwerk aus dem 19. Jahrhundert oder einen frei schwebenden Globus. Die Taschenuhren stammen aus der Sammlung der berühmten Schriftstellerin Marie von Ebner-Eschenbach. Dann gibt es noch die Pendeluhren. Kaum zu glauben, dass deren kleinste unter einen Fingerhut passt.

Adresse Schulhof 2, 1010 Wien, Tel. 01/5332265, www.wienmuseum.at // **ÖPNV** U 3, Station Herrengasse; Bus 3 A, Station Hoher Markt // **Öffnungszeiten** Di – So 10 – 18 Uhr // ab 2 Jahre

TIPP: Wer kleine, bewegte Dinge mag, erfreut sich vielleicht auch am Schneekugelmuseum in der Original Wiener Schneekugelmanufaktur in der Schumanngasse 87.

96_DAS VERKEHRS-MUSEUM REMISE

Öffis zum Anfassen

Für einen Besuch dieses Museums sollte man sich am besten einen Tag mit schönem Wetter aussuchen. Denn hier sieht man outdoor in ganzer Pracht die alten Remisen, in denen die Straßenbahnen schlafen. Betritt man die Remise, kann man sich mit den Wiener Linien auf eine Zeitreise durch 150 Jahre öffentliche Verkehrsmittel begeben. Man glaubt gar nicht, wie viele Busse, Straßenbahnen und U-Bahn-Waggons in die mächtige Backsteinhalle hineinpassen. Man sieht hier die erste Pferdetramway von 1868, den legendären »Amerikaner« aus der Nachkriegszeit und den »Reichsbrückenbus«, der 1976 in die Donau stürzte, sowie die Öffis der Zukunft. Bei Kinderführungen wird alles erklärt: Es gibt interaktive Stationen; im U-Bahn-Simulator kann man beispielsweise selbst das Fahren ausprobieren! Eltern können sich auf die Straßenbahnsitze der 70er und 80er Jahre setzen und von »ihren« Zeiten träumen.

Bucht man keine Führung, ist dies vermutlich eines der wenigen Museen, in denen »Öffi-begeisterte« Kinder auch so auf ihre Kosten kommen. Endlich dürfen sie über zusammengekoppelte Straßenbahnwaggons klettern oder selbst erkunden, wie es am Steuer des Kindergartenbusses aussieht.

Auf Wunsch kann beispielsweise eine Geburtstagsgesellschaft mit einer historischen Straßenbahn abgeholt und in die Remise gebracht werden!

TIPP: Bei der nahen Stadionbrücke kann man zum Donaukanal hinunterspazieren. Dort gibt es einen hübschen Pfad entlang der Erdberger Lände, die in die Weißgerber Lände übergeht – und an der man manchmal Reiher sieht.

Adresse Ludwig-Koeßler-Platz, 1030 Wien, Tel. 01/790946803, www.wienerlinien.at //
ÖPNV U3, Station Schlachthausgasse; Bus 77 A, 80 A, Station Ludwig-Koeßler-Platz //
Öffnungszeiten Mi, Sa, So 9–18 Uhr // ab 2 Jahre

97_DER VERSTECKTESTE STERN DER STADT

Verirren in Echtzeit

Die Autorin gibt zu: Obwohl sie oft hier war, hat sie sich bei der Recherche gleich zweimal verirrt. Menschen, die diesen Platz nicht kennen, haben also gute Chancen, dasselbe zu erleben. Der Wiener Augarten bietet wunderschöne, schattige Spazierwege und Spielplätze. Die barocke Parkanlage mit der weltberühmten Porzellanmanufaktur und dem Hauptsitz der Wiener Sängerknaben ist perfekt geeignet für einen Familienspaziergang. Es gibt hier sogar ein Kinderfreibad! Der Park hat vieles gesehen: Zwei Flaktürme stellen ein düsteres Mahnmal an den Zweiten Weltkrieg dar.

Doch wie steuert man am besten auf eine barocke Konfusion hin? Biegt man, vom Café Restaurant Augarten kommend, von der Hauptallee, die zum Flakturm führt, nach rechts in die kleinen Spazierwege ab, erinnert die Landschaft noch deutlich an den Auwald, der sich früher hier befand. Hält man sich hier wiederum rechts von der Richtung, in der man den zweiten Flakturm sieht, kommt man unweigerlich an einen Platz, an dem acht Wege sternförmig zusammenlaufen (es gibt noch einen zweiten »Stern« mit sechs Wegen). Ist man zu zweit, muss sich einer in die Mitte des Kreises stellen und ganz schnell drehen. Ruft der andere »Stopp!«, kann man raten, in welche Richtung man sieht. Garantiert in eine andere als angenommen! Um wieder zurückzufinden, sucht man die Öffnung der Wege zur großen Wiese hin. Falls man sich verläuft: In circa einer Stunde hat man fast alle Wege abgelaufen.

Adresse Obere Augartenstraße 1, 1020 Wien // **ÖPNV** Bus 5 A, 5 B; Straßenbahn 31, Station Obere Augartenstraße // **Öffnungszeiten** Nov.–Feb. 7–17.30 Uhr, März 7–19 Uhr, April und Okt. 6.30–19 Uhr, Aug. und Sept. 6.30–20 Uhr, Mai–Juli 6.30–21 Uhr // ab 4 Jahre

98_DIE VILLA AURORA

Das verträumteste Restaurant der Stadt

Geht man mit Kindern in ein Waldrestaurant mit schöner Aussicht, hört man oft: »Mir ist soo laangweilig!« In der Villa Aurora wird Ihnen das garantiert nicht passieren. Denn hier betrachtet man die Aussicht nicht durch ein schnödes Fenster, sondern stellt sich gleich selbst in den Rahmen hinein.

In diesem scheinbar einem Märchenbuch entsprungenen Restaurant gibt es neben dem Goldrahmen zum Betreten noch mehr sonderbare Dinge: einen Fischkutter etwa – gestrandet am »Predigtstuhl«, dem steilen Abhang mitten im Garten. Man muss ihn ein wenig suchen, was jedoch die Wartezeit auf das Essen verkürzt. Dort kann man sich in seiner Phantasie auf hohe See träumen. Das Essen lässt sich zwar nicht als Captain's Dinner dorthin verlegen, aber dafür – wenn man möchte – in eine verträumte Gartenlaube für zwei. Nach dem Essen geht sich noch eine Schachpartie mit den kindergroßen Figuren aus, die man unterhalb des Fischkutters im wildromantischen Garten ebenfalls entdecken kann.

Im Winter wird bei längeren Kälteperioden manchmal im Hof Wasser aufgespritzt, sodass man dort sogar eislaufen kann.

Das ganze Ambiente dieses verträumt-originellen Restaurants lässt sich gar nicht genau beschreiben: Man muss es einfach besuchen. Vorsicht: Hier kann man noch nicht mit Bankomatkarte bezahlen, also Bargeld mitnehmen!

TIPP: Circa 200 Meter von hier, vor dem Schloss Wilhelminenberg, biegt der Stadtwanderweg 4a in den Wald ein. Dieser führt in etwa zwei Stunden über den Gallitzinberg zu den Steinhofgründen (siehe Ort 85).

Adresse Wilhelminenstraße 237, 1160 Wien, Tel 01/4893333 // **ÖPNV** Bus 46 A, 46 B, Station Predigtstuhl // **Öffnungszeiten** Mo–Fr 12–21 Uhr, Sa, So 10–22 Uhr // ab 1 Jahr

99_DER WACKELDRACHE IM WERTHEIMSTEINPARK

Fast am Abgrund

In Döbling findet man nicht nur bisweilen knorrige alte Weinreben, sondern auch den Wertheimsteinpark. Dieser Park ist ungewöhnlich für Wien. Wer immer schon wissen wollte, was eine »Geländekante« ist, erfährt es hier. Der Park fällt vom hügeligen 19. Bezirk sowohl zur Donau hin, vor der sich die stark befahrene Heiligenstädterstraße befindet, als auch zum ehemaligen Verlauf des Krottenbachs, auf dem heute die Schnellbahn fährt, steil ab. Der Park war ursprünglich im Privatbesitz der reichen Wiener Familie von Wertheimstein. Ihre Mitglieder gehörten zu jenen Großbürgern, die Kunst und Literatur förderten und zur kulturellen Blüte der Ringstraßen-Epoche, der Zeit der Erbauung der Prachtstraße um 1865, beitrugen.

Der Tochter der von Wertheimsteins ist es übrigens zu verdanken, dass der Park 1908 der Öffentlichkeit zur Verfügung gestellt wurde. So bestimmte sie, dass der Park immer als öffentliche Grünanlage erhalten bleiben müsse.

Bemerkenswert ist der Spielplatz, der lauter Ungewöhnlichkeiten enthält: Da sitzen kleine Wackeltiere im Gras, die echten Waldtieren ähnlich sehen. Die Schaukel hängt auf einer Konstruktion aus einer Mistgabel. Man kann von kuriosen Würmern ins Gras springen. Und im unteren Bereich, zur Heiligenstädter Straße hin, befindet sich Wiens einziger Wackeldrache, auf dem eine ganze Familie Platz nehmen kann.

TIPP: Die Busse 10A und 39A fahren von hier aus direkt weiter in den malerischen Stadtteil Heiligenstadt mit seinen urigen Schenken.

Adresse Bauernfeldgasse 9, 1190 Wien // **ÖPNV** Straßenbahn 37; Bus 10 A, 39 A, Station Barawitzkagasse // **Öffnungszeiten** rund um die Uhr // ab 0 Jahre

100_ DER WALD-SPIELPLATZ

Der Schatz am Silbersee

Schon wenn man die Dehnegasse entlangspaziert, begleitet einen das Plätschern des danebenfließenden Rosenbaches. Bei der v-förmigen Gabelung hält man sich links und gelangt durch ein schmiedeeisernes Tor auf den Stadtwanderweg 4. Geht man den Bach entlang, eröffnet sich schon nach einem kurzen Spaziergang der Winnetou-Spielplatz, der von Karl May inspiriert worden sein könnte. Er ist in vier Segmente eingeteilt: den Baby- und Kleinkinderspielplatz, die überdachte Laube, den Kletterspielplatz sowie die Ballspielwiese unter einer riesigen Platane, die mit 30 Metern einen Kronendurchmesser von der Größe eines Blauwals hat. Ist man an heißen Sommertagen in Wien, ist dieser Landschaftspark in Hütteldorf ein reizvolles Ausflugsziel. Neben dem Winnetou-Spielplatz findet man hier eine schöne Obstbaumwiese sowie einen malerischen Ententeich.

Der 1791 angelegte Park ist nach August Dehne, dem Sohn des ersten Hofzuckerbäckers Ludwig Dehne, benannt, der mit seiner berühmten Schokotorte ein großes Vermögen machte. Sein Betrieb wurde danach von seinem Gesellen Christoph Demel übernommen, der später im Streit mit den Gründern des Hotel Sacher, aus dem die berühmte Original-Sachertorte stammt, die beste Schokoladentorte für seine Zuckerbäckerei Demel reklamierte.

Größere Cowboys können von hier ausschwärmen und den Silbersee suchen, Kleinere begnügen sich mit dem nicht minder schönen Dehneparkteich, in dem seltene Rotwangen-Schmuckschildkröten leben.

Adresse circa 50 Meter nach dem Eingang zur Dehnegasse 15, 1140 Wien // **ÖPNV** Bus 74B, Station Rosentalgasse // **Öffnungszeiten** rund um die Uhr // ab 0 Jahre

101_ DER WALLENSTEIN- PLATZ

Die Piazza della Brigitta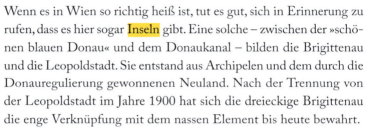

Wenn es in Wien so richtig heiß ist, tut es gut, sich in Erinnerung zu rufen, dass es hier sogar Inseln gibt. Eine solche – zwischen der »schönen blauen Donau« und dem Donaukanal – bilden die Brigittenau und die Leopoldstadt. Sie entstand aus Archipelen und dem durch die Donauregulierung gewonnenen Neuland. Nach der Trennung von der Leopoldstadt im Jahre 1900 hat sich die dreieckige Brigittenau die enge Verknüpfung mit dem nassen Element bis heute bewahrt.

Auch im fern der Donau gelegenen, dicht verbauten Gebiet nahe dem Donaukanal gibt es Ecken, an denen sich Wasser genießen lässt. Eine davon ist der Wallensteinplatz, benannt nach dem böhmischen Feldherrn. Er ist nicht so groß und berühmt, dass Touristen ihn gleich finden würden. Hat man ihn jedoch mittels der Straßenbahn, deren Vorgängerin als Pferdebahn bereits vor 180 Jahren hier verkehrte, entdeckt, fühlt man sich ein wenig wie in einer anderen, südlicher gelegenen Stadt.

Die Tauben sind da, das Eisgeschäft, eine Pizzeria. Typisch wienerische Stadtplanungsakribie hat den fast autofreien Platz noch um ein öffentliches WC und einen Leihradstandort ergänzt. Herzstück des Platzes ist der begehbare Brunnen, der aus einer Reihe unterschiedlich hoher Spritzfontänen besteht. An dieser Piazza sind Kinder herzlich willkommen. Neben den Wasserdüsen gibt es Schilfgräsern nachempfundene Kreisel und sogar ein Laufrad.

Adresse Ecke Wallensteinstraße/Jägerstraße, 1200 Wien // **ÖPNV** Straßenbahn 5, 33, Station Wallensteinplatz // **Öffnungszeiten** rund um die Uhr // ab 1 Jahr

102_ DER WASSER-SPIELPLATZ FAVORITEN

Mit allen Wassern gewaschen

»Lass uns ein Floß bauen!« So ähnlich könnten die Rufe der Kinder lauten, die einen Bach entlang in Richtung Teich stürmen. Am Wasserspielplatz Favoriten fühlt man sich wie auf einer vom Verkehr umflossenen Insel. Dass dies mitten in der Millionenstadt möglich ist, verdanken wir einem Gemeinschaftsprojekt von Wiener Wasser- und Stadtgartenamt.

Schon am Ende des 19. Jahrhunderts zählte Wien über zwei Millionen Einwohner. Damals wurde mit viel Weitblick in die Wasserversorgung investiert. Das Grundnetz aus zwei Hochquellenleitungen aus den Wiener Alpen ist im Wesentlichen noch immer in Betrieb. Aus dieser Zeit stammt der denkmalgeschützte Wasserturm Favoriten, der das weithin sichtbare Wahrzeichen des größten Bezirks Favoriten ist. Er versorgte die höher gelegenen Teile von Favoriten und Meidling mit Trinkwasser. Diese Aufgabe übernahm wenige Jahre später die zweite Wiener Hochquellenleitung, die 1910 in Betrieb genommen wurde.

Im echten Wasserturm gibt es nach Voranmeldung auch Führungen, bei denen man alles über die Geschichte der Wasserversorgung Wiens erfahren kann. Und weil die Stadt die Geschichte dieses Ortes für Kinder greifbar machen wollte, hat sie neben dem Wasserturm den Wasserspielplatz errichtet. Prachtstück der Anlage ist ein Floß, das an einem Seilzug über das Wasser gezogen werden kann. Weitere Highlights sind eine Quelle, das Aquädukt und der Spiel-Wasserturm, der fast aussieht wie der echte.

TIPP: Einen Mini-Wasserturm mit Rutsche gibt es auch im Wasserspielplatz im Max-Winter-Park.

Adresse Windtenstraße 3, Eingang: Ecke Raxstraße/Triester Straße (über Stufen) oder Ecke Windtenstraße/Triester Straße (barrierefrei), 1100 Wien, Tel. Stadtgartenamt 01/40008042, www.wien.gv.at/wienwasser // **ÖPNV** Bus 15 A, 65 A, Station Stefan-Fadinger-Platz; Straßenbahn 1, Station Windtenstraße; Regionalbusse, Station Spinnerin am Kreuz // **Öffnungszeiten** Ende April – Ende Sept. täglich von 9 Uhr (Fr 11 Uhr) bis Einbruch der Dunkelheit (spätestens 21 Uhr) // ab 1 Jahr

103_DIE WASSERWELT AM KARDINAL-RAUSCHER-PLATZ

Wo es heute wieder rauscht

Ein »Platz des Wassers« ist der Kardinal-Rauscher-Platz schon seit rund 150 Jahren. Im oberen Teil befindet sich die »alte Schieberkammer«, die als Wasserspeicher für den Westen Wiens das Hochquellenwasser direkt von der Raxalpe bezog. Wem heutzutage die Zeit oder das Geld fehlt, seine Kinder an Gebirgsbächen spielen zu lassen, der kann auf der Anhöhe von Rudolfsheim-Fünfhaus fündig werden: Hier ist eine erfrischende Fußgängerzone entstanden, für die auch reichlich EU-Förderung sprudelte.

Der Platz heißt nicht wegen der rauschenden Bäche so. Die prominente neogotische Kirche wurde Mitte des 19. Jahrhunderts bewusst »auf alt« gebaut. Sie wird in der Blickachse von Schloss Schönbrunn auch mal mit dem Stephansdom verwechselt und wurde von Kardinal Ritter von Rauscher mitfinanziert.

Für das Rauschen sorgt allsommerlich eine Reihe von nassen, bespielbaren Installationen: Das große, flache Becken mit zwei Wasserbassins, die durch Springbrunnen aus zwei hohen Granitstelen gespeist werden, wurde vom japanisch-österreichischen Bildhauer Osamu Nakajima geschaffen. Sehr beliebt sind auch die Hüpfelemente, die bei kräftigem Draufspringen einen Wasserkreis spritzen, oder der vom Künstler Hans Muhr geschaffene Lebensbaum: eine bunte Skulptur, die eine Fotovoltaikanlage beinhaltet. Entlang des Spielplatzes befindet sich eine lange Bank, auf der man Gefrorenes vom Eissalon vis-à-vis essen kann.

Adresse Kardinal-Rauscher-Platz, 1150 Wien // ÖPNV U3, Station Johnstraße; Straßenbahn 49; Bus 12A, Station Huglgasse // Öffnungszeiten rund um die Uhr // ab 1 Jahr

TIPP: An der Ecke Kardinal-Rauscher-Platz/Holochergasse gibt es eine ehemalige Konditorei, das Café Z, das die letzten Jahrzehnte in unverändertem 50er-Jahre-Charme überdauert zu haben scheint. Hier können Kinder und Eltern köstliche Crêpes verspeisen.

104_ DER WESTERN-SPIELPLATZ

Im Wilden Westen von Wien

Den Küniglberg verbindet fast jeder mit dem unter Denkmalschutz stehenden ORF-Zentrum, das auf der Kuppe der 261 Meter hohen Anhöhe thront. Man kann dort aber auch wunderbar Freizeit mit Kindern verbringen! Am nördlichen Bergfuß, parallel zur Lainzer Straße, verläuft die Alois-Kraus-Promenade, auf der Kinder mit dem Roller oder Laufrad fahren und im Herbst bunte Blätter und Kastanien sammeln können. Sie beginnt an der Gloriettegasse und endet im gemütlichen Stadtviertel Lainz, wo man auch einen Heurigen besuchen kann.

Von der Alois-Kraus-Promenade, die man beim Fußweg von der Straßenbahnlinie 60 aus kreuzt, führen allerlei Pfade durch einen wildromantischen Wald auf den Hügel hinauf. Wandert man hier aufwärts Richtung Kuppe, landet man auf jeden Fall früher oder später beim Westernspielplatz an der Elisabethallee. Hier warten nicht nur schwingende Bullen, Hängematten, jede Menge Klettergeräte und sogar ein echter Saloon, sondern auch ein lebensgroßes Holzpferd auf neugierige Besucher. Für Eltern, die ihren Kindern (noch) keinen Reitunterricht erlauben wollen, sind die lebensechten Wackelsättel eine gute Alternative!

Im oberen Bereich gibt es eine sehr hohe Rutsche; für Kleinere steht ein Ziehbrunnen bereit, dessen Wasserlauf sich durch Schleusen regulieren lässt. An Sommertagen kann man hier ganz herrlich wild im kühlen Matsch waten.

TIPP: Im Wald hinter der Häuserzeile des Franz-Schalk-Platzes befindet sich ein geheimer, öffentlich begehbarer Fußballplatz.

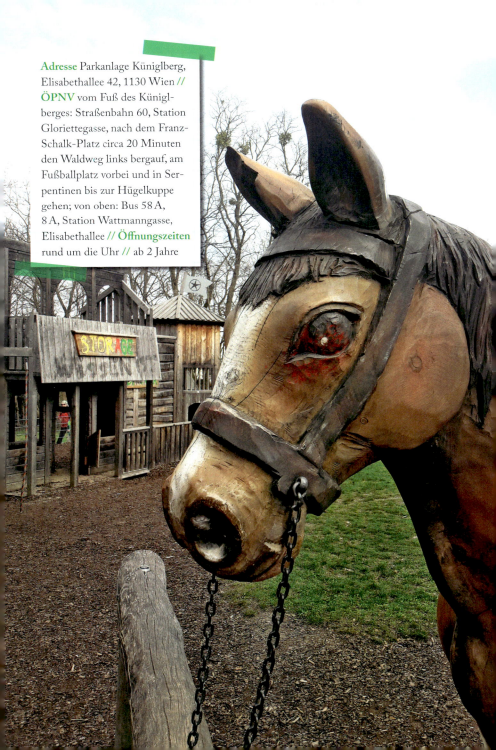

Adresse Parkanlage Küniglberg, Elisabethallee 42, 1130 Wien // **ÖPNV** vom Fuß des Küniglberges: Straßenbahn 60, Station Gloriettegasse, nach dem Franz-Schalk-Platz circa 20 Minuten den Waldweg links bergauf, am Fußballplatz vorbei und in Serpentinen bis zur Hügelkuppe gehen; von oben: Bus 58 A, 8 A, Station Wattmanngasse, Elisabethallee // **Öffnungszeiten** rund um die Uhr // ab 2 Jahre

105_DIE WIENER THEATERSCHNITZLEREI

Noch mehr als Theater

Fast alle Kinder kennen den Begriff »Schnitzeljagd«, der sich nicht etwa von der Speise, sondern von Papierschnitzeln herleitet. Diese werden verteilt, und auf jedem Zettel findet man eine Information zum nächsten Ort, sodass man querfeldein den verschiedensten Hinweisen nachjagen kann, bis man zum Ziel gelangt.

Meistens haben beide Seiten Spaß daran: Kinder, die in den Genuss eines solchen Spiels kommen, und beispielsweise ältere Geschwister, die ein solches »erfinden« müssen.

Die Wiener Theaterschnitzlerei kombiniert die Aufregung einer Schnitzeljagd mit dem Erlebnis einer Theateraufführung. Hier werden Theaterstücke für Kinder und Jugendliche gezeigt, deren Handlung durch Zusammenarbeit mit dem Publikum und durch das Lösen diverser Aufgaben vorangetrieben wird. Geschriebene Szenen wechseln mit improvisierten. So werden die Zuschauer unmittelbar in die Handlung mit eingebunden. Beispielsweise hat man bei einer der Aufführungen gerade mal eine Stunde, um der verzweifelten Frau Holle und einem schrulligen Geheimagenten zu helfen, das Märchenland zu retten.

Das Konzept ist in Wien brandneu. Die Theaterschnitzlerei bietet Platz für 30 Personen, daher ist eine Voranmeldung dringend erbeten!

Adresse Hütteldorfer Straße 141, Eingang Gründorfgasse, 1140 Wien, Tel. 0664/75553484, www.schnitzlerei.at // ÖPNV U3, Station Hütteldorfer Straße; Straßenbahn 49; S-Bahn S45, Station Breitensee // Öffnungszeiten Aufführungen Fr 16.30 Uhr, Sa 14 und 16.30 Uhr, weitere Informationen siehe Homepage // ab 4 Jahre

106_ DER WIENERISCHSTE SPIELPLATZ

Die »Gschroppen« im Kurpark Oberlaa

Der Kurpark Oberlaa wirkt wie ein Planet, auf dem sich einzelne Spielplätze wie Länder verteilen. Dabei wurde das 100 Hektar große Gelände im 19. Jahrhundert ganz schmucklos zur Ziegelgewinnung genutzt, bis es 1974 zum Austragungsort der zweiten Wiener Internationalen Gartenschau (WIG) wurde. Der verdankt es heute noch seine Vielfalt an exotischen Blumen und Gehölzen. Aus der WIG entstand eine traubenförmige Kaskade von terrassenartig angelegten Themenparks, die vom Planetensystem inspiriert wurden. Straßennamen wie »Filmteichstraße« zeugen von der einstigen Verwendung als Drehort für Stummfilme.

Neben Außergewöhnlichem wie dem japanischen Garten und dem Brunnengarten oder Informativem wie dem Allergiegarten gibt es auch verwunschene Plätze am großen Teich und einen ganz und gar irdischen Streichelzoo mit Alpakas, Zwergziegen und Brillenschafen. Weiters eine von der Mondlandschaft inspirierte Skaterbahn und daneben den großen Regenbogenspielplatz mit der Seilbahn, die einen großen und tiefen Krater überquert.

Auch nach den glorreichen Zeiten der WIG gefällt der Park allen Kindern; und auf dem großen Wiesenspielplatz neben dem Regenbogenspielplatz schreiben die Klettergerüste tatsächlich das wienerische Wort »Gschroppen« – zu Deutsch »Kinder« – zeitlos in den Raum.

Adresse Kurpark Oberlaa, Nordeingang: Filmteichstraße, 1100 Wien // ÖPNV Bus 68 A, Station Kurpark Nordeingang // Öffnungszeiten täglich 6–21 Uhr // ab 3 Jahre

TIPP: Märchenhaft schön ist auch der »Liebesgarten« mit seinem schmiedeeisernen Wagen, zu dem die Fußabdrücke eines Riesen führen.

107_ DER WIENTAL-RADWEG

Im Westen abtauchen

Wo oben die Autokolonnen vorbeirauschen, kann man »zu ebener Erd'« entlang des Wienflusses auf einem Radweg zügig und umweltfreundlich gen Westen strampeln. Dieser Rad-»Highway« besteht seit 2010 und führt vom kaiserlichen Hietzing stadtauswärts zum ehemaligen Jagdgebiet Auhof, wo jetzt das gleichnamige Shoppingcenter zum Schnäppchenjagen einlädt.

Dass der Wienfluss ein dünnes Rinnsal ist, täuscht. Sein Einzugsgebiet liegt im Sandsteingebirge des Wienerwalds, und da dieses größere Mengen an Schmelz- und Regenwasser nur schwer aufnehmen kann, kann er innerhalb kürzester Zeit zu einem reißenden Strom werden. Daher ist bei drohendem Hochwasser besondere Vorsicht geboten: Steigt das Wasser bis zur gelben oder gar roten Markierung an, ist der Radweg sofort zu verlassen!

Der Weg ist vier Meter breit, auto- und kreuzungsfrei. Für Kinder, die schon gut Rad fahren können, ist er gut geeignet; aufpassen sollte man trotzdem, da es kein Geländer zum Wasser hin gibt und manche Radler den »Highway«, was die Geschwindigkeit betrifft, zu wörtlich nehmen. Es gibt zehn Zufahrten, unter anderem bei der Kennedybrücke, in Ober-St.-Veit und in Hütteldorf (U 4). In Maria Brunn geht der Radweg in eine Schotterstraße über. Hier kann man sich die Wienfluss-Schleuse ansehen.

Adresse Radweg im Wienflusstal zwischen Hietzing/Kennedybrücke und Auhof, 1130 Wien // ÖPNV Zugänge: U-4-Station Hietzing, Station Ober-St.-Veit oder Station Hütteldorf // Öffnungszeiten ganzjährig täglich von der Morgendämmerung bis zum Einbruch der Dunkelheit // für Kinder, die sicher Rad fahren können

108_ DIE WIENXTRA-SPIELEBOX

Hier gewinnt man immer

Einmal alle Gesellschaftsspiele, die es gibt, ausprobieren! Dafür müssen sich Eltern gar nicht in Unkosten stürzen – möglich ist dies in Österreichs größtem Brettspielverleih.

Der Eingang liegt in der Albertgasse 37, und zwar im Erdgeschosslokal an der Ecke. Vom Boden bis zur Decke stapeln sich 3.000 verschiedene Brett- und Kartenspiele in dem gemütlichen Raum, in den man sich hineinsetzen und jedes in Ruhe ausprobieren kann – gratis. Denn Kosten fallen erst an, wenn man sich ein Spiel ausborgt, allerdings zahlt man nur maximal 20 Cent pro Spiel und Tag.

Insgesamt besitzt die Ludothek über 7.000 Spieletitel für alle Altersgruppen und Spielvorlieben – weiters auch solche, die bei Seh- oder motorischen Einschränkungen spielbar sind. Das Angebot wird

nach pädagogischen Kriterien ständig erweitert und auf dem neuesten Stand gehalten. Die Mitarbeiter empfehlen auch passende Titel oder helfen bei Regelschwierigkeiten. Im Spielekatalog kann man von zu Hause aus durch den Bestand stöbern und Spiele online vorbestellen. Computergames kann man hier zwar nicht ausleihen, jedoch in speziellen Workshops pädagogisch empfohlene Konsolenspiele »anspielen«. Solche Game-Workshops gibt es für die ganze Familie, eine gute Möglichkeit für Eltern also, zu verstehen, was für Spiele ihre Kinder am Computer spielen.

Für Touristen und Mehrsprachige gibt es auch Gesellschaftsspiele in anderen Sprachen – bei Bedarf einfach fragen!

Adresse Albertgasse 37, 1080 Wien, Tel. 01/400083424, www.spielebox.at // ÖPNV U6, Station Josefstädter Straße; Straßenbahn 2, 5, 33, Station Albertgasse // Öffnungszeiten Mo, Mi, Fr 13–18.30 Uhr, Di, Do 10–12 Uhr, Sa (Okt.–März) 10–14 Uhr, Feiertage siehe Homepage // ab 2 Jahre

TIPP: Das »Swing Kitchen« in der Josefstädter Straße 73 ist ein veganes Fast-Food-Lokal-Äquivalent. Von Burgern über Wraps bis zu leckeren Desserts gibt es hier das Übliche aus beliebten Fast-Food-Ketten, nur vegan. Aufgrund des sensationellen Erfolges expandiert das Unternehmen gerade österreichweit!

109_ DIE WILDBADEPLÄTZE AM MÜHLWASSER

Gratis naturbaden in Wien

Zwischen dem Nationalpark Donauauen und der Alten Donau erstreckt sich mit dem Mühlwasser ein wahres Naturparadies.

Es handelt sich um einen Altarm der Donau, der circa fünf Kilometer lang ist. Er ist zwei bis drei Meter tief und etwa zehn Meter breit. Obwohl ein stehendes Gewässer, sieht er aus wie ein Fluss, ist aber für Kinder aufgrund der fehlenden Strömung ungefährlicher. Das Ufer ist grasbewachsen, bei den Einstiegstellen findet man Sand oder Kies. Die gumpenartigen Badeplätze befinden sich an dem Weg, der entlang des Mühlwassers durch den Wald führt. Wenn man auf Infrastruktur verzichten kann, gibt es hier schöne Plätze für das Schwimmen mit größeren Kindern, allerdings kann es vorkommen, dass man die Badeplätze bisweilen mit einem Hund teilen muss. Mit kleineren Kindern empfiehlt sich eher das Strandbad Stadlau (siehe Ort 87).

Für die gute Wasserqualität spricht, dass viele Fische darin schwimmen. Angler sichten hier Karpfen, Hechte, Welse, Zander, Aale und Barsche. Da nicht so viele Mähboote unterwegs sind wie an der Alten Donau, kann es schon mal vorkommen, dass man beim Schwimmen von Algen am Bauch gekitzelt wird.

Am besten fährt man mit dem Bus zu einer Stelle nahe am Wasser und promeniert dann am Ufer entlang oder nützt den Waldweg für eine sommerliche Fahrradtour. Der abgebildete Badeplatz befindet sich am Unteren Mühlwasser nahe dem Dotterblumenweg.

TIPP: In der Fuchshäufelgasse 1 gibt es die Vienna Kids Farm, einen Bauernhof mit Pferden, Ziegen und Eseln, auf dem Kinder Pony reiten und die Natur erleben können.

Adresse Mühlwasser, 1220 Wien // **ÖPNV** U2, Station Donaustadtbrücke oder Hardeggasse; Bus 93 A, Station Brockhausgasse oder Mühlwasser; Bus 95 A, Station Binsenweg/Am Mühlwasser // **Öffnungszeiten** rund um die Uhr // ab dem Alter, in dem man sicher schwimmen kann

110_DIE WINDIGSTE WIESE DER STADT

Drachen steigen lassen am Bellevue

Wenn Ihre Kinder im Herbst Drachen steigen lassen wollen und es zu wenig Wind dafür gibt, versuchen Sie es auf der Bellevue-Höhe. Geht man vom Parkplatz aus die Steigung auf die Wiese hinauf, gelangt man in einen leichten Sog, und es ist möglich, dass jenseits der Hügelkuppe herrliche Winde blasen, die Sie nahe der Straße noch gar nicht gespürt haben.

Die Bellevue-Höhe ist zu jeder Jahreszeit schön. Ihr Name bedeutet »schöne Aussicht«, und die hat man hier – an klaren Tagen sogar über ganz Wien. Um diesen Anblick zu genießen, muss man ein kleines Stückchen zu Fuß gehen. Man startet am besten am Stefan-Esders-Platz bei der romantischen Pfarrkirche Kaasgraben und wandert durch die Weinberge zur Himmelstraße. Diese führt dann links nach noch mal circa einem Kilometer bis zum himmlischen Ausblick (nach der Hausnummer 115). Mit dem Auto ist die Bellevue-Höhe etwas bequemer über die Himmelstraße zu erreichen, doch dabei verpasst man den Duft von Trauben, Laub und Nussbäumen und die einzigartige Luft der Döblinger Weinberge.

Auf der Bellevue-Wiese tummeln sich im Frühling und Herbst viele Familien mit Flugdrachen. Man sieht von hier über ganz Wien. An die Bellevue-Wiese grenzt der Gspöttgraben. Man braucht aber keine Angst zu haben, ausgespottet zu werden; es handelt sich um einen alten Flurnamen, dessen genauer Ursprung unbekannt ist.

Adresse Bellevue, neben dem Parkplatz an der Himmelstraße nach Nummer 115 links, 1190 Wien // **ÖPNV** Straßenbahn 38, Station Paradisgasse, links in die Kaasgrabengasse bis zum Stefan-Esders-Platz, dann Reinischgasse und über Wolfsgrubergasse bis zur Himmelstraße // **Öffnungszeiten** rund um die Uhr // ab 5 Jahre

TIPP: Unerschrockene Wanderer, die die Bellevue-Höhe tatsächlich zu Fuß erklimmen, können sich gleich am Anfang der Reinischgasse beim Heurigen Zawodsky (Reinischgasse 3) stärken. Man sitzt dort bei schönem Wetter unter uralten Nuss- und Marillenbäumen.

111_ DER XXXL-BABY-SPIELPLATZ

Essen und spielen an der Babykrabbelbar

Manchmal gibt es Tage, an denen es regnet und man am liebsten den Fuß gar nicht vor die Tür setzen möchte, aber doch einiges erledigen muss. Betreffen diese Dinge den Haushalt, wäre ein Besuch in einem großen Geschäft nützlich. Doch was machen mit kleinen Kindern?

Genau für solche Tage bietet das Möbelhaus XXXLutz an der Kelsenstraße eine Alternative zum Onlineshopping – und verwandelt sich gleichzeitig in einen Abenteuerspielplatz.

Schon die autoförmigen Einkaufswagen beim Eingang sorgen für Spaß bei den Kleinen. Hinauf geht es über fünf Stockwerke mit einem gläsernen Panoramalift, an dem sich die Kinder die Nasen platt drücken können.

Beim Restaurant gibt es dann noch eine durchdachte Lösung für müde Eltern. Abgesehen vom klassischen Indoorspielplatz mit Bällebad, in den man als Erwachsener irgendwann auch hineinkrabbeln muss, und dem Spielbereich, bei dem man Kinder kurz in die Obhut einer Betreuungsperson geben kann, gibt es hier noch eine tolle Sache: Für Babys und Kleinkinder befindet sich mitten im Restaurantbereich eine gepolsterte Krabbelnische, die an zwei von drei Seiten von Tischen umgeben ist. Erwachsene können hier an der Babykrabbelbar Platz nehmen und in Ruhe ein Menü verspeisen, während sie ihre spielenden Kinder im Auge behalten, die sich zwischen den Matten nicht verletzen können. Brauchen sie etwas, reicht man es ihnen einfach über die »Bar«. So kann man Einkaufen mit einem Spielnachmittag mit Kleinkindern kombinieren. Dafür gebührt ein XL-Applaus!

Adresse Kelsenstraße 9, 1030 Wien // **ÖPNV** Straßenbahn 18, Station Wildgansplatz // **Öffnungszeiten** Mo–Fr 9.30–19 Uhr, Sa 9–18 Uhr // ab 0 Jahre

TIPP: An heißen Tagen bietet sich das circa 500 Meter entfernte Familienbad Schweizergarten (Landstraßer Gürtel 35) für einen Besuch an. Hier ist Baden nur für Kinder erlaubt!

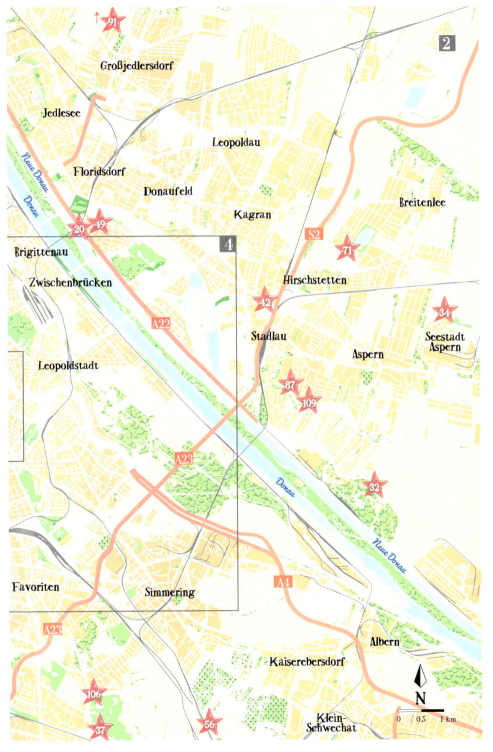

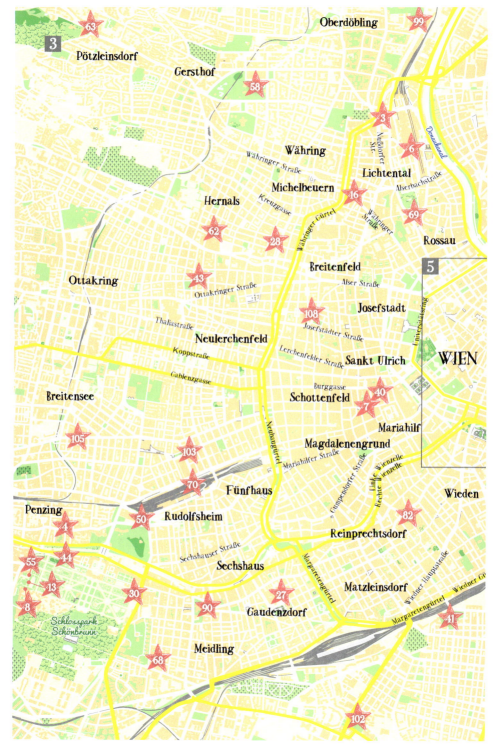

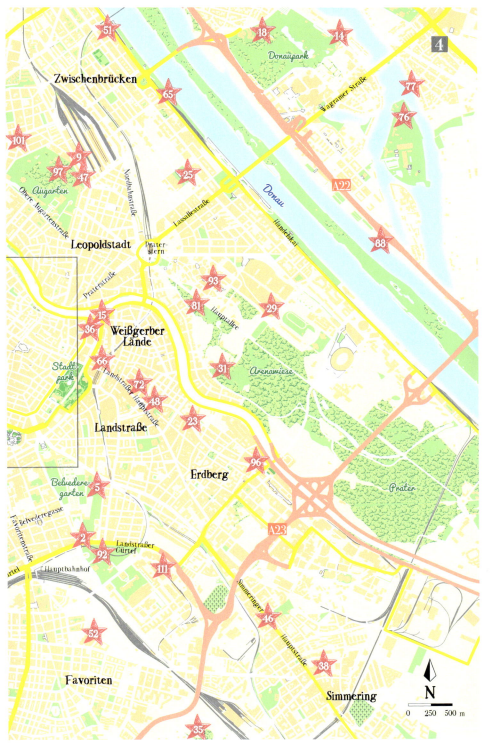

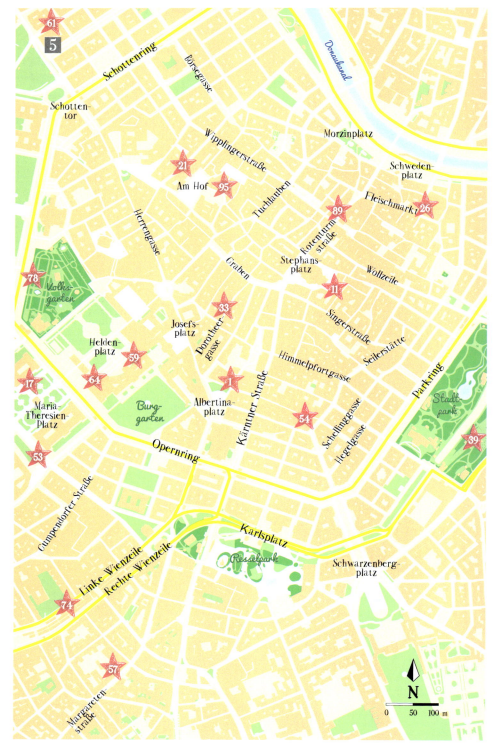

Isa Grütering,
Natascha Korol,
Theresia Koch
111 Orte für Kinder in Berlin, die man gesehen haben muss
ISBN 978-3-7408-0251-6

Christina Bacher,
Norbert Breidenstein
111 Orte für Kinder in Köln, die man gesehen haben muss
ISBN 978-3-7408-0332-2

Florian Kinast
111 Orte für Kinder in München, die man gesehen haben muss
ISBN 978-3-7408-0431-2

Daniela Clément
111 Orte für Kinder in Hamburg, die man gesehen haben muss
ISBN 978-3-7408-0334-6

Cornelia Kuhnert,
Günter Krüger
111 Orte für Kinder in und um Hannover, die man gesehen haben muss
ISBN 978-3-7408-0333-9

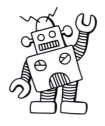

Monika Schmitz
111 Orte im Lungau, die man gesehen haben muss
ISBN 978-3-7408-0573-9

Kristof Halasz
111 Orte in Vorarlberg, die man gesehen haben muss
ISBN 978-3-7408-0568-5

Erwin Uhrmann,
Johanna Uhrmann
111 Orte in der Wachau, die man gesehen haben muss
ISBN 978-3-7408-0565-4

Robert Preis, Niki Schreinlechner
111 schaurige Orte in der Steiermark, die man gesehen haben muss
ISBN 978-3-7408-0445-9

Susanne Gurschler
111 Orte in Innsbruck, die man gesehen haben muss
ISBN 978-3-7408-0343-8

Sabine M. Gruber
111 Orte der Musik in Wien, die man erlebt haben muss
ISBN 978-3-7408-0348-3

Erwin Uhrmann,
Johanna Uhrmann
111 Orte im Waldviertel, die man gesehen haben muss
ISBN 978-3-7408-0346-9

Ottmar Neuburger,
Lisa Graf-Riemann
111 Orte vom Wilden Kaiser bis zum Dachstein, die man gesehen haben muss
ISBN 978-3-7408-0138-0

Gerald Polzer, Stefan Spath,
Antonia Schulz
111 Orte in der Steiermark, die man gesehen haben muss
ISBN 978-3-7408-0140-3

Gerald Polzer, Stefan Spath
111 Orte in Oberösterreich, die man gesehen haben muss
ISBN 978-3-95451-857-9

Susanne Gurschler
111 Orte in Tirol, die man gesehen haben muss
ISBN 978-3-95451-834-0

Andrea Nagele, Marion Assam, Martin Assam
111 Orte in Klagenfurt und am Wörthersee, die man gesehen haben muss
ISBN 978-3-95451-591-2

Gerald Polzer, Stefan Spath
111 Orte in Graz, die man gesehen haben muss
ISBN 978-3-95451-466-3

Gerald Polzer, Stefan Spath, Pia Claudia Odorizzi von Rallo
111 Orte im Salzkammergut, die man gesehen haben muss
ISBN 978-3-95451-231-7

Dietlind Castor
111 Orte am Bodensee, die man gesehen haben muss
ISBN 978-3-95451-063-4

Gerd Wolfgang Sievers
111 Orte im Burgenland, die man gesehen haben muss
ISBN 978-3-95451-229-4

Stefan Spath
111 Orte in Salzburg, die man gesehen haben muss
ISBN 978-3-95451-114-3

Karl Haimel, Peter Eickhoff
111 Orte in Wien, die man gesehen haben muss
ISBN 978-3-89705-969-6

Die Autorin

Bernadette Németh ist Autorin, Ärztin und Journalistin. Sie lebt mit Mann und Tochter in Wien. 2017 erschien ihr Debütroman, davor schrieb sie Kurzgeschichten und ein Mutmach-Buch für kranke Kinder. Seit Kurzem durchstreift sie mit der Kamera ihre Heimatstadt und hat dabei neue Orte und spannende Geschichten entdeckt.